そうそうソウル

キッカケはヨン様ではなくスン…デ

そうそうソウル
そういえば私、まだソウルに行ったことなかったんだっけ

キムチ、焼肉、垢スリ、汗蒸幕、美容整形…
周期的にやってくる韓国ブーム
近い国だからいつでも行けると
あとであとでと後回し

近年続く韓流ブーム
ヨン様、ビョン様、ジウ姫…
人並みに名前と顔は知っているけど
韓流ドラマのロケ地や韓流スター御用達の店を
しらみつぶしに見てまわるほど
ハマってはいない

それなら
定番の「焼肉を食べに韓国へ！」
…って、日本のコリアンタウンで十分だよ、私（爆）

私の一生は
こうやってこのままズルズルと
韓国に行かずに終わってしまうのかしら？

そんなある夜
突然やって来た運命の出会い

韓国を紹介する書籍で見た
黒くてテラテラ光る、ウン…もとい大蛇のような
トグロを巻いたソーセージ

「これだっ！！！！！！！」
一目惚れしたソーセージの名前は、ス・ン・デ

そうだそうだ
ヨン様ではなく、スンデに会いにソウルへ行こう！

焼肉ではなく、スンデを食べにソウルへ行こう！

重い腰を上げて、遅咲き韓国デビュー

まだ韓国デビューしていない、そこのあなた
今さら韓国なんて…と思っている、そこのあなた

そうはいっても
そうそうソウル
一度はやっぱりソウルに行ってみたくない？

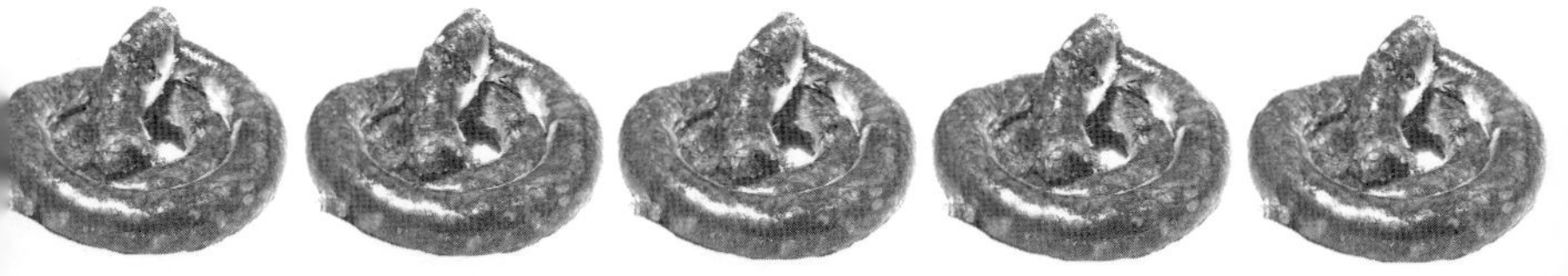

Contents

清渓川

私の韓国はここから
始まりここで終える

パルリパルリ両替所

世界で一番早くてお気楽♪
仁川空港・税関審査のすぐ先にある両替所

Part 1

こりゃ〜今さら聞けないコリア

韓国きほんのき

韓国人と接する前に知っておきたい、今さらながらの基本知識

①韓国年

韓国人の自己紹介で絶対でてくるフレーズ『韓国年は25歳、日本年は24歳』。

韓国年の由来は、生命が宿った時点で人と見なし、腹の中で0歳、外に出て1歳と数える説、戦争や貧困で短命だったため1歳から数えた説、などがある。

②氏

「ヨンジュンシ〜」

空港でよく聞くアレですよ、アレ（笑）。目上はもちろんのこと、初対面の相手だったら年下にも使う『〜さん』にあたる氏。

そういえばクラスに佐藤さんが2人いて、佐藤1号、2号って呼ばれてたっけ。姓が少ない韓国のこと、さぞかしクラスはキムさんだらけよね〜。どう呼び分けてんのかしら?って疑問に思っていたら、苗字+氏で呼ぶのはタブーなんだって。友だちのジュンヒョンさん曰く、「苗字だけで呼ぶことは、相手を軽く低く見る意図がみえます。毎日人が変わる工事現場などでは名前を覚えにくいので、イ氏とかキム氏とか簡単にいう場合もあります。また、目上の人に自己紹介する際には『金海の金で、重字賢字です』という敬語もあります。」

そういえばドラマでもキム○○とかってフルネームで呼んでるもんね。

③同姓と本貫

韓国における一族・祖先の出身地、本籍地を示す本貫。韓国人の苗字の前に、先祖が初めて出てきた場所がつけられている。前述した友だちのことば『〜金海の金〜』の金海が本貫にあたる。

ねぇ、もし友だちが
スエと同じ鄭《チョン》っていう苗字の
男の人を紹介してきたら
どーするの？
素朴なギモン
ニパッ
あんたバッカじゃないの
どこの世に、同姓を紹介する
すっとこどっこいがいるのよ！

本貫が同じ者同士の結婚を認める法律に改正されたが、まだまだ民間レベルの壁は厚い。

また、血というか家族の結びつきも強くて、旧正月、秋夕《チュソッ》（日本の旧盆みたいなもの）には民族大移動して里帰りする。韓国在住で秋夕に帰省しなかったなんて人、私の知り合いではいない。もちろん仕事などで帰省出来ない人もいるけど。

妻の姓は結婚後も変わらない。なのに秋夕は夫の実家でお手伝い。秋夕以外にもなにかと実家に帰ってはお手伝い。可哀想だなぁと思うのは私だけ？

④酒とタバコ

儒教の国、韓国。目上の人に対するマナーや礼儀は徹底している。

酒の席では目上の人の正面を向かないよう、顔を横に向けて酒をいただく。韓国には『お酌は女がするもの』という定義がない。大学や会社の飲み会などで、女が男にお酌をすることもあるけど、例えお酌せずに呑んでいたとしていても、白い目で見られることはない（笑）。

タバコは薦められない限り絶対、目上の人の前では吸わない。だから子供が喫煙していることを知らない両親も多いとか。また、女性の喫煙は、男性にはまだまだ印象がよくないらしい。

⑤スプーンと箸

ゴハンと汁ものはスプーン、おかずは箸でいただく。でも、最近はラフな席なら、箸でゴハンを食べる人も増えている。

韓流○○

こりゃ〜役立つ情報

韓国ビギナーのつよ〜い見方。これであなたの旅もワンランクアップ♪

SEOULnavi

http://www.seoulnavi.com/index.html

韓国に興味がある人なら誰もが知っているソウル観光情報サイト、ソウルナビ。

流行りの食べ物やお店など詳しくレポートされていて、その量たるや膨大！　口コミの書き込みで悪評がたった店は潰れるんじゃないかと心配するほど、毎日、盛り上がっている。

私は、携帯電話の予約はいつもここでする。出発１週間前に申し込むとレンタル料の値引きと、出発３日前に電話番号がわかる特典あり。旅立つ前に、家族や仕事先、韓国人に番号を知らせておけば連絡もスムーズ。

予約・変更の対応も素早く、安心して利用できるサイト。

KJclub

http://www.kjclub.com

１９９８年２月１日創立されたインターネット韓日民間交流団体。目的別掲示板、チャット、メル友、交流会などがあり、現在KJクラブの会員は約２０万人。ちなみに私は２００４年６月からの会員。

運営者の話では、１日１００人〜１５０人以上の人が会員になっているという。

そのことばを裏付けるかのようにメル友の掲示板は、毎日大盛況。私もメル友の登録をしたら、たくさんの韓国人からメールが届き過ぎて、１日でメールボックスがパンクしそうになったことも…。日本人とは明らかに違う積極さに、驚いたり喜んだり呆れたり（笑）。

長続きする友だちを探すのは、はっきりいって難しい（メル友の宿命？）。でも、ここから素敵な出会いもある。

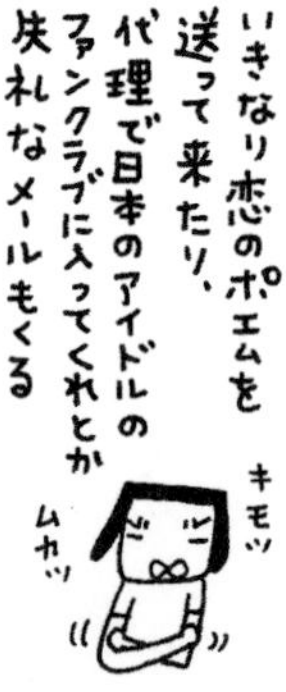
いきなり恋のポエムを
送って来たり、
代理で日本のアイドルの
ファンクラブに入ってくれとか
失礼なメールもくる
キモッ
ムカッ

財団法人韓国bbb運動

http://www.bbbkorea.org

ｂｂｂとは、before babel brigadeの略。

バベルの塔の前…

人々の言語はひとつだった。自己の虚栄心を満たすために造り始めたバベルの塔。神の怒りに触れ、その塔は打ち崩され、人々は世界中へばらまかれ、一種類だった言語は地域ごとにまったく別の言語体系にされてしまった。言葉の違いから、人々は意思の疎通が困難になったという。

そう、バベルの塔の前《Before Bavel Brigade》のように、たとえ言語が違ってもコミュニケーションがはかれるよう、文化交流ができるよう、中央日報の顧問、イ・オ・リョン氏がｂｂｂを設立。

立ち上げの理由として、聖書の一説を引用して説明しているけど、宗教とは何の関係もないいたってフツーのボランティアグループ。サッカーのワールドカップを機に現在はより活躍の場を広げ、２００５年からはハミルトンホテルなど外国人が利用するホテルにｂｂｂの連絡先カードが常設されている。

現在、17か国語の言語をカバー。かかる費用は電話代だけ。意思の疎通に困ったら利用してみよう！

ｂｂｂの利用の仕方

step1
"1588-5644" に電話をかける

step2
ｂｂｂに繋がる

step3
ガイダンスに従って自分が話したい言語の番号を選択（日本語なら"2"）

step4
ｂｂｂ登録メンバーに繋がるのを待つ。3コールで電話に出なかった場合,次のメンバーにバトンタッチ。日本語登録者は現在618人。618人の誰かが（笑）あなたの電話に出てくれる

step5
問題解決したら、お礼をいって切る

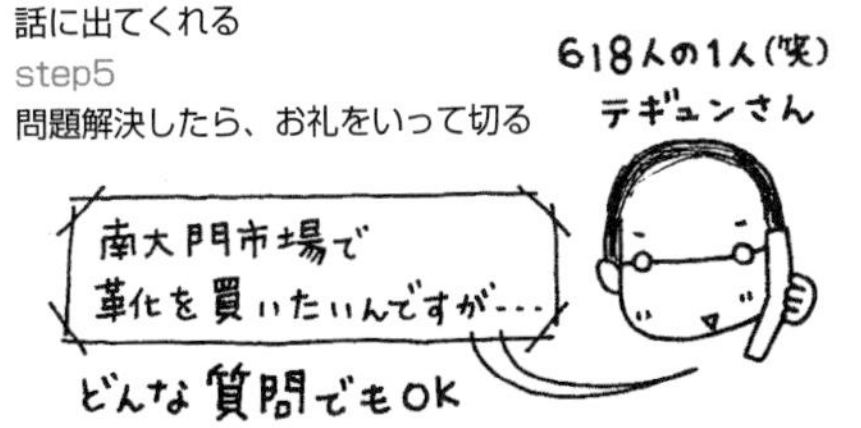

618人の1人（笑）
テギュンさん
南大門市場で
靴を買いたいんですが…
どんな質問でもOK

言語番号

English 1	Russian 7	Swedish 13
Japanese 2	German 8	Thai 14
Chinese 3	Portuguese 9	Vietnamese 15
French 4	Arabic 10	Malay & Indonesian 16
Spanish 5	Polish 11	
Italian 6	Turkish 12	

韓流○○
かんりゅう
ぎっ
はんりゅう!?

そうそうソウルmap

『ソウルはつまらない』って韓国人はいうけれど、まずは観光の王道ソウルを中心に訪れてみよう♪

●韓国全土
板門店
私の イ・ビョンホン P112〜113
ドナドナ P180〜185
議政府
ソウル
新吉温泉
美容整形 P148〜157
安さんが住む街 P126〜129
安東
釜山
天安
リュ・シウォン ミーハー タダツアー P114〜117
激ウマ ピョンチョンスンデ P68〜71
独立記念館 P106〜109

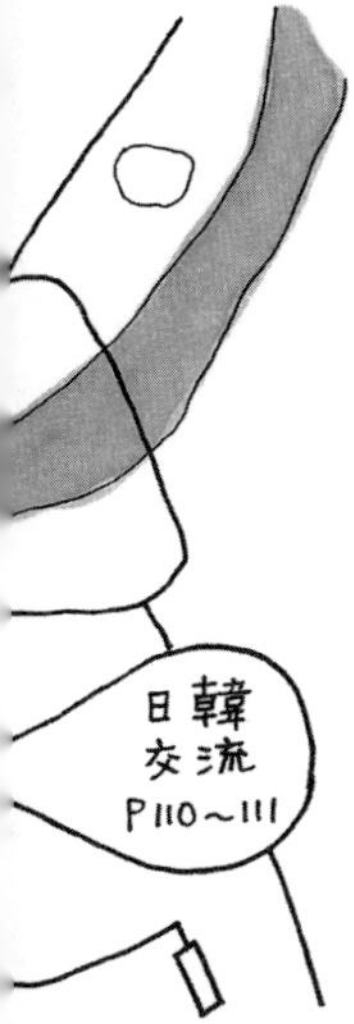
日韓交流 P110〜111

韓国の紙幣と硬貨。額が大きい支払いのときのために、カードや日本円もあると便利

国名：大韓民国
面積：約9万9,274平方キロメートル（朝鮮半島全体の45％）
人口：約4,725万人（2005年11月現在）
首都；ソウル
人種：韓民族
言語：韓国語
宗教：仏教27％、キリスト教24％、その他儒教、天道教
政体：民主共和制
物価上昇率：2.4％（2005年11月）
失業率：3.5％（2005年12月）　※日本は4.4％
為替レート：100ウォン＝約11.6円（2005年11月末）
日本との時差：0時間
気候：日本同様、四季がある。夏は暑く、冬は寒い

●ソウル

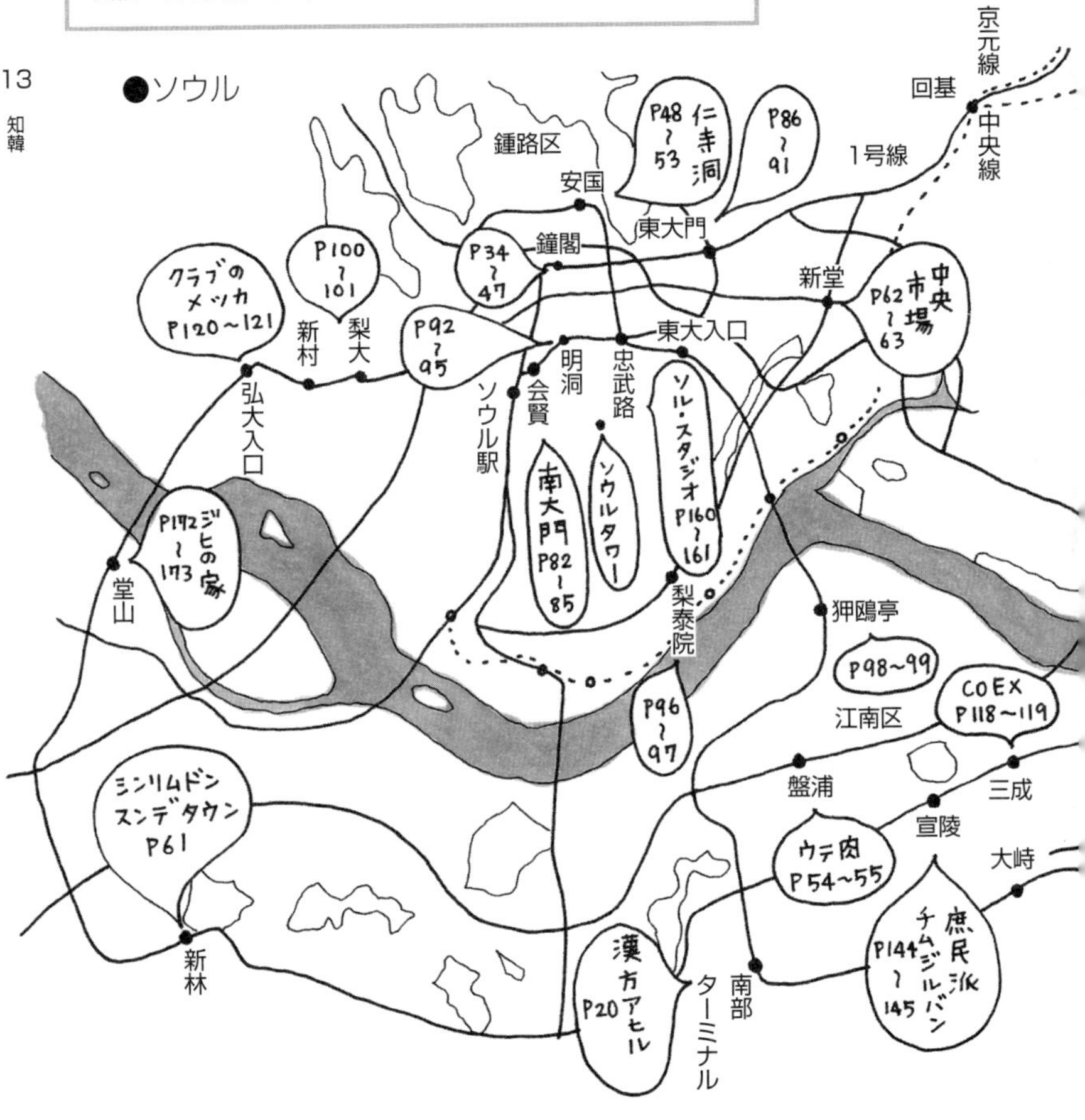

韓流○○
かんりゅう
ぶっ
はんりゅう?!

そうそうソウル登場人物

本書に出てくる人々を紹介

くまくま

極度の方向音痴でおっちょこちょい。韓国で一番好きなゴハンは、付き出し(笑)。付き出しが少ないとガックリ。今回の旅で黄色いタクワンが大好きに♡

よきアドバイザーチーム

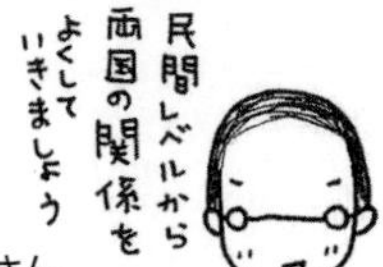
民間レベルから
両国の関係を
よくして
いきましょう

テギュンさん

仕事で、日本に11年滞在。現在はソウルに在住。パーフェクトベラベラな日本語を活かして、中学校で日本語を教えている。行動力と人当たりの良さに脱帽。詳しくはP198

韓国で
キレイに
なりませんか？

ヘーギョンさん

アルムダウン医院の医院長夫人。日本留学の経験もあってか、会話もメールも日本語でOK。いつも明るくあっけらか～ん。若い日本の患者さんからは『オンニ』と呼ばれ親しまれている

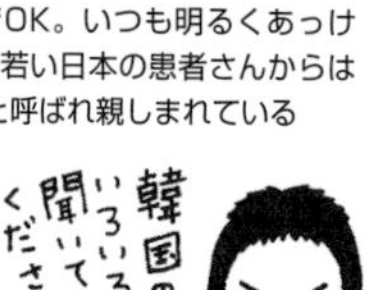
韓国のこと
いろいろ
聞いて
ください

ジュンヒョンさん

キッカケはKJ club。適確なアドバイス・解答・クイックレスポンスで、私にとってはドラエもん（笑）のような存在。休日は、カルチャーセンターで韓国語を教えている会社員。広島在住

仲良しチーム

実家は
水原で
焼肉屋
やってます

ヨンジュ

KJ clubを通じて日本で知り合う。知り合った当初は英語で会話をしていたのに、私が韓国から帰ってきたら、会話が日本語に…。行動力があって、物知り。この本が出る頃には帰国

ヨンジュとは
高校時代の
同級生

キョンジ

現在、法律事務所の国際部門勤務。美人な外見に似合わず、本音も毒も吐く。気持ちがいいくらいサバサバした性格。会話が英語だったこともあってか、いい意味で同学年っぽいノリで楽しい

キョンジは
姉です
ヨンジュ姉さん
とも
仲良しです

ジヒ

大学で日本語を専攻していたので、日本語ベラベラ。大学卒業後は、空港で働いた経歴も。謙虚さと優しい心、そして美肌の持ち主。現在、ワーホリで日本滞在中。日本のドラマにハマり中

日本人チーム

友人・K
セカンドバッグ1つ、御近所感覚で韓国に来た男。歴史に関心が強く、板門店ツアーは今回で2回目の参加

チカコちゃん
日本の古き良き時代の常識が、判断の基準。タイで抱いた韓国人への不信感も今回の旅で軽減

同年代バトルチーム

アメリカでファインアートを学んでたけど
文句ある？？

スエ
キッカケはKJ club。同学年ということもあって、ハタから見たらケンカしているかのような、全く遠慮がない仲。「腰が痛いから…」ワケのわからん理由で音信不通に。なんでやねん

20代まではモテてたけど
もうアジョシだからね…

ミンソ
中国留学後、叔母の会社に入社。中国語を活かして中国との取り引きを担当。大阪に叔母がいるものの、日本語は『バカ』『いいじゃん』のみ。韓国人男性にしては珍しく、華奢で小柄

ボクがこんなに心配してるのに
なぜ即メールしない!!
即電話に出ない!

キル
KJ clubメル友第1号。私の渡韓直前で1年半続いた仲が、突然の火病により消滅。普段、大人しいぶんキレたら手のつけようがなかった

※火病…ファビョン。正式名称は「鬱火病」。怒りを抑えすぎて起こる､強いストレス性の精神疾患

ほのぼのチーム

今日も美味しくゴハンを
食べて下さい

安さん
私がチャットで人違い（笑）をしたことがキカッケで、友だちに。ラジオ放送で日本語を学ぶ。「名前が女性名っぽくて好きじゃない」（本人談）ということで、あえて苗字で読んでいる

今度、交換留学で
日本に行きます

リンちゃん
大学で日本語を専攻中。日本語がベラベラなのはもちろん、日本のビジュアルバンドにも精通。誰からも好かれるアクのない性格。レッドマンゴーでバイト中。最近、マネージャーに昇進

音信不通チーム

ソンウォン
日系企業に勤める日本語ベラベラ青年。とにかく几帳面で時間厳守。私のゴム時間が許せず、音信不通

ウテ
韓流ブーム前に日本留学経験あり。口癖は「仕事が忙しい。会社辞めたい」。忙しさのあまりなのか、私が日本人規定外だったからなのか（笑）、帰国後、音信不通

chit-chat

これだけハングル

まずは目でチェック、次に韓国の空の下でリスニング、そして、いざ、実践！

●韓国でよく耳にするひとこと

（電話で）もしもし
ヨボセヨ
여보세요

はい／いいえ
ネ／アニヨ
네／아니요

ありがとう／ありがとうございます
コマウォ／コマプスムニダ
고마워／고맙습니다

感謝します
カムサハムニダ
감사합니다

本当？／マジ〜？
チョンマル？チンッチャ？
정말／진짜

ああ〜っ、ひゃぁ〜（何か思ったとうりにいかなかったときに発する）
アイゴ
아이고

どうしよう（喜怒哀楽、とっさに口から出る言葉）
オトッケ
어떻게...

大丈夫
ケンチャナヨ
괜찮아요

早く早く
パルリパルリ
빨리 빨리

通じる？ 通じない？

3泊4日パックツアーで初めてソウルを訪れたとき、私が発した英語は「where is the restroom?」だけ。あとはぜ〜〜んぶ日本語。この国は日本語だけで旅行ができるんだ〜、すげ〜、と驚いた（アホだ・笑）。

　ところが一転。今度は個人旅行でソウルを訪れ、ソウルの食堂に入ったら、ぜ〜〜んぜん日本語が通じない（笑）。当然ながら英語も通じない。で、慌ててあんちょこカタカナハングルを作って覚えたという、苦い経験がある。しかも残念なことに

●呼びかけ

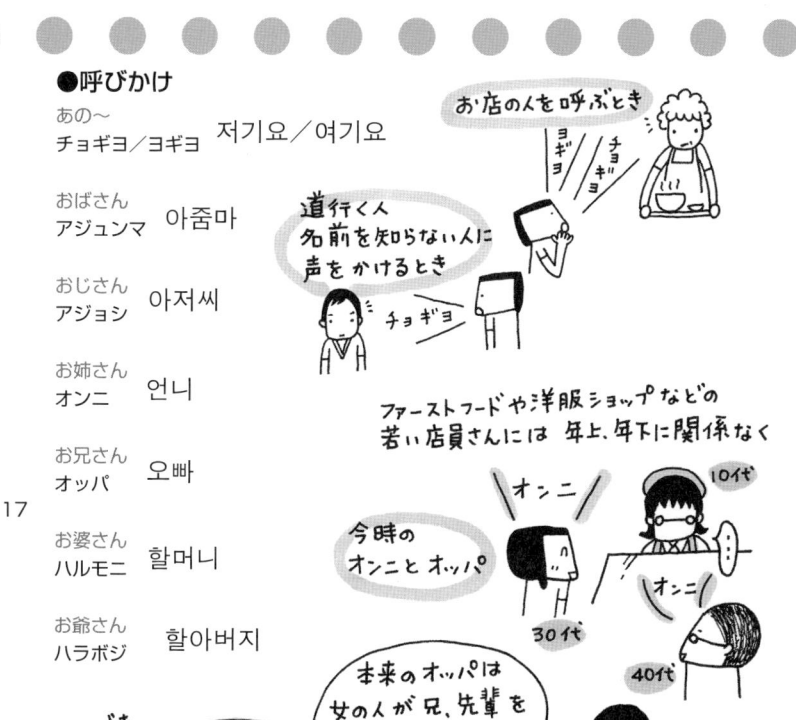

あの～
チョギヨ／ヨギヨ　저기요／여기요

おばさん
アジュンマ　아줌마

おじさん
アジョシ　아저씨

お姉さん
オンニ　언니

お兄さん
オッパ　오빠

お婆さん
ハルモニ　할머니

お爺さん
ハラボジ　할아버지

お店の人を呼ぶとき
ヨギヨ
チョギヨ
道行く人
名前を知らない人に
声をかけるとき
チョギヨ
ファーストフードや洋服ショップなどの
若い店員さんには　年上、年下に関係なく
オンニ
10代
今時の
オンニとオッパ
オンニ
30代
40代

本来のオッパは
女の人が兄、先輩を
呼ぶときに
使ってました
でも
今では、兄、先輩
彼氏、年下…みんな
オッパですね

目だけで覚えたハングルは通じない（泣）。耳でちゃんとハングルを聞いてから実践しないとダメだ。子音が少ない日本語で、ハングルを表記するのは難しい。だから、ここにあげたカタカナも（いくらネイティブが作成したからとはいえ）参考程度にし、暗記しないほうがいい。

ご存じのとーり、日本語とハングルの文法の並びは同じ。だから連続ドラマの字幕を毎週追っていれば、ハングルの発音と日本語の意味がリンクしやすい。頻繁に出てくる単語は、すぐ身につく。しかも日本語と同じ発音で同じ意味の単語、ちょっと訛って喋ったら通じるんじゃないか？な単語が意外に多くあって、面白い。

●チムジルバン

タオルをもう１枚くれますか？
タオル　ハンジャン　ド　ジュシゲッソヨ？
타월 한장 더 주시겠어요?

ヨモギ蒸しはありますか？
スックチム　イッスムニカ？
쑥찜이 있습니까?

料金は前払いですか？
ヨグムゥン　ソンブルイムニカ？
요금은 선불입니까?

チムジルバンは何階ですか？
チムジルバンウン　ミョッチュン　イムニカ？
찜질방은 몇층 입니까?

●質問

これは何ですか？
イゴッスン　モイェヨ？
이것은 뭐예요?

沐浴湯へ行きたいです
モギョックタン　カゴ　シポヨ
목욕탕에 가고 싶어요

明洞はどこですか？
ミョンドン　ウン　オディイムニカ？
명동은 어디 입니까?

写真撮ってもいいですか？
サジン　チゴド　ケンチャナヨ？
사진 찍어도 괜찮아요?

●食堂

プルダックを食べたい
プルダギ　モッコ　シポヨ
불닭이 먹고 싶어요

ビールを１本下さい
メックチュ　ハンビョン　ジュセヨ
맥주 한 병 주세요

これをもっと頂けますか？
イゴ　チョム　ド　ジュシゲッソヨ？
이거 좀 더 주시겠어요?

美味しい？（質問）／美味しいです（返答）／美味しい（感嘆）
マシッソヨ？／マシッソヨ／マシッタ
맛있어요？／맛있어요／맛있다

おあいそお願いします
ケサンへ　ジュセヨ
계산 해 주세요

Part 2

こりゃ〜うみゃ〜コリアゴハン

ひたすら1品、ばっかり食べの世界！

メインの皿は相当量があるので、1つ頼めば十分
キムチや小皿、汁もので箸休めしつつ、山と積まれたメイン1品をただひたすら食べ続ける

※店名は緑色の文字で表示

肉

観光食の定番！

●牛

양념 갈비

ヤンニョム　カルビ＝味付けカルビ

ボドナムチプのヤンニョムカルビは、肉の柔らかさと後引く味付けが日本人好み。お出迎え接客などもあり、接待に適したお店

차돌 박이

チャドル　バギ＝薄切りにしたあばら肉

鉄板の上でちょっとしゃぶしゃぶ、脂部分が花びらのように縮んだら、パクッ。脂が多く、ジューシー！ 取れる量が少ない分、値段も高い。私はこの肉を『ウテ肉』と呼ぶ→P54

●鴨

유황오리 진흙구이

ユファンオリ ジンフックイ＝硫黄入りの泥に具を詰めたアヒルを入れて焼く料理

ノルブユファンオリジヌックイ

3人前を2人でペロリと完食。漢方と穀物がギッシリ詰まったwell-beingな１品♡

肉はホックホク骨まで柔らか！

↑外国人でも安心して入れる証、模範食堂のマーク

シメのサービスで出てくる温そうめん（もしくは粥）とスジョンガも嬉しい

오겹살

オギョプサル＝豚の肉と脂の5層肉

パッサンモリ→P35
肉はもちろん、シメのハート・キムチチャーハン、サービスのアイスもウマイ

●豚

삼겹살

サムギョプサル＝豚の肉と脂の3層肉

←ノーマルなサムギョプサル

←草しか食べなかった豚のサムギョプサル。歯ごたえ十分

감자탕

カムジャタン＝ジャガイモと骨付き豚肉の鍋

「カムジャタン大好き！」っていったら、「酒好き？」って聞かれた。韓国ではそーゆーイメージなのね…

족발

チョクバル＝豚足

トゥントゥンイ ハルモニジップの豚足は、臭みがなくて柔らかか→P60

탕수육

タンスユック＝酢豚

激辛道

불닭

プルダック＝鳥の激辛料理

火《プル》の鶏《タック》の名にふさわしい激辛さ。
この本が発売される頃には人気は下火？

양념 곱창

ヤンニョム　コプチャン＝豚の味つきホルモン焼き

辛さで臭みはナシ

닭발

タクバル＝鶏の足

プルダックと同じ味付けなのに、痛辛い

魚

微妙に日本とは違う
魚の種類と食べ方

●辛い一皿

낙지 볶음

ナックチ　ポックム＝たこの辛い炒め物

テナガタコを使用。
噛みごたえ充分

아구찜

アグチム＝アンコウの豆もやし入り煮物

弾力のあるアンコウの食感が特徴。辛さの中にも甘味を感じる韓国の味付けは、後引くウマさ。ハマります

●刺身食堂

회

フェ＝刺身

サンチュやエゴマの葉などに、刺身とコチュジャンやサムジャンなどのタレを挟んで、パクッ

매운탕

メウンタン＝海産物の辛い鍋

上の刺身で残った部分を使ったエコな鍋（笑）。汁が辛くてウマ〜！っつーかマジで腹がはち切れる〜〜

手巻寿司。とびっこ、ゴマの葉、タクワン、ワサビを韓国海苔で巻いた１品

갈치 조림

ガルチ　チョリム＝太刀魚の煮付け

●チゲ

キムチ

海鮮

カキ

豚

순두부 찌개

スンドゥブ　チゲ＝純豆腐の辛い鍋

豆腐チゲの世界へようこそ

メッドル スンドゥブ→P48

●定食屋さんの焼き魚

정식

チョンシク＝定食

南原食堂の定食→P43
いしもち《チョギ》は塩っぱくてパサパサした魚

大林食堂の定食→P42
さわら《サムチ》の焼き魚は、醤油とワサビでいただく

고등어 구이

コドゥンオ　クイ＝焼きさば

さばの開き。添え物は、らっきょとガリ…。やっぱりこれも醤油とワサビでいただく

フードコートの縄張り

ちょっとトイレットペーパーを…
あんた何してんのよ
Bテーブルのアジュンマ
Aテーブル
Bテーブル
うわっ!
Aのアジュンマが
Bのアジュンマに
謝っていた
…ゴメン
Aテーブルのアジュンマ

알탕

アルタン＝明太子の辛い鍋

→オーダーしたアジュンマのトイレットペーパー（笑）

南大門市場のサムイク フェション ビルディングのフードコート→P82

●麺

粉食

チープ食は
炭水化物でまわっている

メニューの写真では
キムバップと同じ大きさ
だったのに
ウソつき
1人で
食べる気？
プッ
ドーーン
これで
4000W
安っ

라볶이

ラポッキ＝インスタントラーメンの麺＋トッポキ

インスタントラーメン、トッポキ、おでんの具、丸ごとゆで卵、コチュジャンベースの甘辛のタレ…これぞキング・オブ・ジャンクフード！

잡채

チャプチェ＝春雨炒め

タンミョンに肉、ほうれん草、にんじんなどを入れ、ゴマ油で炒めた家庭料理

물냉면

ムルネンミョン＝水冷麺

トンガネンミョン→P56
日本の冷麺より麺が細い

くまくまイチ押し！

콩국수

コングックス＝豆乳スープの麺

夏限定。麺に絡みつくドロッとしたスープ！ 明洞餃子→P92のコングックスはなぜか食べ進むうちに、スープが黄緑に…

해물 칼국수

ヘムル カルグックス＝海鮮いりの麺

包丁で細長く切った、韓国風うどん。コショウがしっかり効いたスープがウマッ

만두

マンドゥ＝餃子

1焼餃子《クンマンドゥ》　2小籠包のような蒸餃子《チンマンドゥ》
3ニラまん風《ワンマンドゥ》餃子と蒸餃子。私の胃袋はマンドゥだけで膨れた。1パック3000W、タレつき。量を減らせ〜

만두국

マンドゥグック＝餃子入りスープ

量が少なくてホッ（笑）

오뎅

オデン＝おでん

オデンの屋台

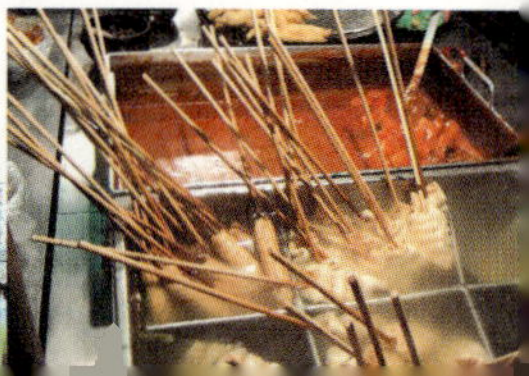

전

ジョン＝ちぢみ

顔よりでかいのがフツー　1キムチ《キムチジョン》　2ねぎ《パジョン》　3海鮮《ヘルムジョン》

ノックドゥビンデドックはお豆のジョン

●米ワールド

피자 필래프

ピザ　ピルレプ＝ピザ　ピラフ

ピザの具材で作ったピラフ。鍾路タワーのフードコートで発見。チーズの伸びはあっても、ネーミングのひねりはなかった1品（笑）→P46

薄焼き卵を巻いたケランキムバップ

チーズの味がしないチズキムバップ

김밥

キムバップ＝酢飯じゃない海苔巻き

수제비

スジェビ＝すいとん

コンビニのキムチキムバップ1000W

日本のコンビニは賞味期限切れしたおにぎりは破棄するけど、韓国のコンビニでは2個組にして安く売る。写真のおにぎりは1400W→1200W

1ポリバップ＝麦飯。コチュジャンや野菜を入れてマゼマゼ
2フックミバップ＝黒米ご飯
3安東名物ファチェバップ＝花のビビンバを意味した白いビビンバ
家庭でも、白米に雑穀を混ぜて炊くことが多い。味に変化が生まれて、白米が苦手な人にも食べやすい

죽

チュック＝お粥

1海鮮粥《ヘムルチュック》　2カキ粥《クルチュック》　3上げ底なしのボール大サイズ（もはや胃に優しくない1品になっている）あずき粥《パッチュック》。中に白玉ともち米が入った、甘さを感じさせないぜんざいってカンジ

オヤツ

屋台がある限り
買食いは止まらない

도넛

ドナツ＝ドーナツ

1ツイストドーナツ　2クワアベギ＝あんドーナツ　3チャプサルドーナツ。くちゅっとした食感はまさに餅。中が空洞なので触るとペチャンコ！

감자 핫도그

カムジャ　ハッドグ＝ポテトフライつきホットドック

見るからにハイパー高カロリー！ ダイエッターは絶対食べたらアカ〜ン1品

팥빙수

パッビンス＝あずき入りかき氷

餅、ソフトクリームも入った、あずきのかき氷り。さっぱり感に欠ける

韓国版雪見大福。やっぱりあずき入り

소세지

ソーセージ＝ソーセージ

回る回る回転ソーセージ！

黒みつとシナモンが効いた、昔ながらの白ホットク

호떡

ホットク＝黒蜜、ゴマ、シナモンシュガーが入ったお焼き

well-beingで緑茶ブーム

ここ数年前から韓国は健康志向＝well-beingが高まっていて、日本以上に巷では緑茶が氾濫！

1緑茶ラテ　2オシャレなお店は、緑茶パッビンス♪　3ソフトクリーム

緑茶の味がやはり希薄な緑茶クッキー

ホットクも今や緑茶ホットクが主流。緑茶のパウダーを入れると、味に深みがまし、モチモチ度もアップ！→P44

緑茶クリームのウエハース

빵

パン＝パン

トーストスタンドのトースト。たっぷりのバターでパンと卵を焼き、ケチャップと砂糖で味を調えたら出来上がり。ハム入り2000W

プルコギサンド

CROWN BAKERYのパン。ラムレーズン入りの固めのクッキー地、ふわっとしたホイップクリームがウマッ。1500W

ケンタッキーのジンガーバーガー。コチュジャンベースの甘辛のタレというより、ハバネロの痛辛さに近い辛さ

군밤

クンバム＝焼き栗

冬の風物詩。皮を剥いてあるので、物臭には嬉しい（笑）

たったこれだけで3000W。絶対ボッてる！

붕어빵

プンオパン＝フナ焼き

韓国版タイ焼き

엿

ヨッ＝手作り伝統飴

かぼちゃで作った昔の手作り飴。固い、歯にくっつく、長持ち…千歳飴っぽい。私はピーナッツがまぶしてあるタイプが好き

계란빵

ケランパン＝卵入り大判焼

卵好きにはたまらない！　卵がまるまる１個入って500W

호두 과자

ホドゥクァ　ジャ＝くるみ入りのお菓子

天安名物、ウォールナッツケーキ。ま、平たく言えば人形焼き

飲料

見た目だけでは計り知れない
それが韓国の飲み物

1お値段が安い分、紙コップはお猪口サイズ。韓国でコーヒーといえば、ミルクと砂糖が入ったアマアマが基本！　2自販機のカップジュース

커피
コピ＝コーヒー

甘くないコーヒー

음료수
ウムリョス＝飲み物

17茶…十六茶じゃなくて（笑）。ブレンドを1つ多くした分、味も濃くなってます↘

カロリーオフ飲料↓

→麦茶サイダー。イケなくはない味（笑）

→コンビニLG25で一番安い水。750W

→日本と同じ麦茶の味

→砂糖・レモン入り緑茶。げせない味

呑み処 酔い処

1百歳酒《ベクセジュ》は匂いがきついワインってカンジ　2梅酒《メシルチュ》　3.4焼酎《ソジュ》。最近の主流は山マーク　5木苺酒《ポップンジャ》はアセロラと黒酢を割ったような甘い薬酒

くまくまイチ押し！
약주
ヤクチュ＝薬酒

소주
ソジュ＝焼酎

6韓国人はメックチュよりソジュ！と、いいながらペットボトルのビールが存在（どんだけ飲めば気がすむんだ！）。Hiteは女性にも人気の一番薄い味　7.8OBはCassより苦味が少ない。全体的に韓国ビールは薄口

맥주
メックチュ＝ビール

これぞビール！にが〜

黒ビール好きも納得のテイスト♡

→ここまできたか緑茶ブーム、緑茶入り豆乳。まろやかテイストだけど、相変わらず緑茶の味はどこ?

→黒ゴマいり豆乳！ いかにも体に良さげ。しかもウマ〜

→色々配合されているものの、ノーマルな豆乳の味

→一見するとヨーグルトドリンク。でもホントは豆乳

두유

トゥユ＝豆乳

くまくまイチ押し！

黒豆豆乳。豆乳の風味とザラザラ感、程よい甘さがたまりませ〜ん

豆乳だ〜い好き♡

世界一豆乳を飲む国、韓国。だからなのか牛乳より種類が豊富！ 甘味があるから、日本の豆乳が苦手な人にも絶対オススメ！ 激ウマウマ♡

カルシウム入り豆乳

健康ついでに…

米のジュース、シッケ。あま〜

バナナ牛乳

これもオススメ！

くるみの粉末を入れた、くるみ牛乳。豆乳と違って甘さはなく、くるみ本来の風味を生かした素朴な飲み物

전통차 チョントンチャ＝伝統茶

1チャグンチャッジップ→P51 の五味茶。ハイビスカスティーに似た酸味が特徴　2チョンロ ボク ドクバン→P40 小ぶりで500W〜とリーズナブル。1甘いおこわ、薬食《ヤクシク》。2栗の餅。3エゴマ好きには、福餅《フクトック》（エゴマ味）　3インサドン→P50 のスジョンガ。シナモン満喫度100%。粉末やペーストでは売っていないので、伝統茶屋でお試しあれ　4オソンチョ→P36 のオソンチョ。低血圧の人にオススメ　5サンファ茶。風邪に効く

クロ・グロ
ヤミつきになるか
ムナクソ悪くなるか

名家賢母《ミョンガヒョンモ》→P65 のスンデ盛り合わせ
1ピョンチョンスンデ。他には類を見ないペーストのような肉の柔らかさが特徴　2ヘムルスンデ。つみれっぽい　3オジンオスンデ。イカの中に具を詰めたスンデ。イカが固すぎ　4チャプサルスンデ。もち米が入ったスンデ

도토리 묵
トトリ　ムック＝どんぐりの澱粉で作ったゼリー状のおかず

どんぐりってどんな味！？って興味津々だったけど、食べてみたら、味がなかった…

자장면
チャジャンミョン＝ジャージャー麺

韓国版ジャージャー麺。甘いソースはドロッと麺に絡みつき、具のジャガイモと玉ねぎはふにゃふにゃ。このソースをご飯にかけるとチャジャンバップ、チャーハンにかけるとチャジャンポックンバップ。韓国人、大好きメニュー

ハサミで切って、ひたすらマゼマゼ

くまくまイチ押し！

선지 해장국
ソンジ　ヘジャングック＝解腸湯

解腸湯（二日酔いの時に飲むスープ）。牛の背骨で煮込んだスープに血の固《ソンジ》まり、羊肉、羊の内臓、ねぎ、豆もやしなどを入れる。見た目はグロいのに、味はつまらないくらいさっぱり→P34

된장 찌게
テンジャン　チゲ＝味噌の鍋

味噌のチゲ。でも日本の味噌と違ってなんか納豆臭いんですけど～（泣）。これの上を行くのがチョングッチャン。納豆に近い悪臭を放つ、おえっ（死）

번데기
ポンデギ＝蚕のさなぎ

拡大

醤油で蒸し煮したもの。古い畳のような匂いが、ぷぅ～ん

スンデ大大大大好き!

순대
スンデ=韓国ソーセージ

くまくま激押し!

모듬 순대

モドム　スンデ=スンデの盛り合わせ

※写真のモドムスンデは、お店の人に特別に出してもらった小盛りサイズ。実際のモドムスンデとは量が異なります

ピョンチョン ファントバン スンデ→P65 のスンデ盛り合わせ
1ピョンチョンスンデ。キャベツがふんだんに使われた、タンミョンが極端に少ないスンデ　2コチュスンデ。けっこうピリッ、あとからくる辛さ　3カレースンデ。日本のカレー煎餅の味（笑）　4名品《ミョンフン》スンデ。スンデの中ではあっさり味で、おからの煮物のよう

순대 볶음
スンデ　ポックム=スンデの炒め物

1屋台のスンデ。ジャンクな甘辛ソース　2シルリムドンスンデタウン1F、シンリムドントスンイ元祖スンデ専門店→P61のソースにこだわった赤いスンデポックムと3女性に人気、塩・コショウで味付けしたペクスンデポックム

1

2

3

순대 국밥
スンデ　クッパップ=スンデ入りクッパ

ピョンチョン ファントバン スンデのコチュスンデのクッパ。辛いスープに辛い《コチュ》スンデ、コプチャン、腎臓が入った辛辛クッパ

순대국
スンデグック=スンデのスープ

スンデの臭みは辛さで消されている。スンデのスープは基本的に辛め

ようこそレッドマンゴーへ！

RED MANGO

新感覚の低脂肪ヨーグルトソフトクリームに、病みつき！

レッドマンゴーのかわいい名称

トゥリガッチは一緒に何かをしていこうという意味
店名の由来は熟したマンゴーのように情熱を持っていこう！って意味がこめられています♡
レイスボール
small
（1人用）
ローマボール
large
（2人、3人用）

アイス作り

1
2
3
アイスとパンもトゥリガッチ（店員）が作りま～す

アイスクリームを注文してみよう！

いらっしゃいませーリンでーす
サイズは1人分、2人分、3人分からチョイス

トッピングをどうぞ！
トッピングは1000Wで5つまで。迷うな～くぅ～

あそこに座ろう！
ポップな店内を眺めつつ、アイスを心ゆくまで堪能

「これ、ホントにアイス？」レッドマンゴーの低脂肪ヨーグルトアイスクリームを食べた瞬間、今まで食べてきたどのヨーグルトアイスとも違った口当たりに驚いた。クリーミーでさっぱり、アイス特有のノドや口に残る甘さがない。

　アイスが苦手なチカコちゃんがおいしいと、1人でひと皿ペロリと平らげれば、健康が気になるお年頃（笑）のテギュンさんも、ここのアイスクリームはコレステロールがゼロだからと、時間があれば1人でも食べに行く。

　女の子ウケする内装とは裏腹に、老若男女、外国人、更にはアンチ甘党をも巻き込んだ幅広い層に支持を得て、雨後のたけ

レッドマンゴー魅惑のメニュー

●低脂肪ヨーグルトドリンク

原料はヨーグルトアイス、牛乳、果物、氷。写真のブルーベリー味が一番人気　1お客さん用のグラス　2トゥリガッチ用のカップ

●ヨーグルトパン

1ローズマリーとくるみのYo《ヨッ》パン　2バター風味のGu《グッ》パン　3雑穀入りのR《ルッ》パン　4黒ゴマ入りのT《トゥッ》パン　2～4はモッチリとした食感。それぞれのパンの名前の頭文字を繋げると、レッドマンゴーのウリであるヨーグルトに！ こんな造語が女の子ウケするんだよね～

●幸せのレースボール

トッピングは季節によって、各店舗によっても違う。

よ～く見ると、ヨーグルトアイスにピンクのライン！ 漢南店のレッドマンゴーには苺マーブルのアイスがある！

和テイスト

あずき
茶パウダー
フルーツリング
タピオカ
ナッツ

mix

キウイ
タピオカ
ナッツ
茶パウダー
あずき

フルーツ

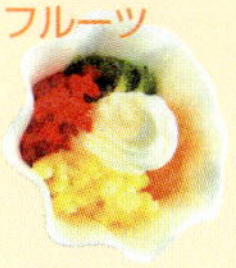

キウイ
みかん
パイナップル
ブルーベリーシロップ
すいか

※写真は、私がチョイスしたトッピング例です

のこ状態でニョキニョキと出店。今では韓国全土に150店舗以上が点在する。ロッテデパートの食堂街で発見したときは、思わず吹き出してしまった。こ、ここにまで出すかー！（笑）

リンちゃんがバイトしているレッドマンゴーは教保文庫の近く↓P41、私の宿も鐘閣。目と鼻の先ということで、リンちゃんがいる時間帯に押し掛けては、タダ・アイスをいただいていた私（笑）。ここの店舗は小さいので、おひとり様でも気兼ねなく過ごせるのが嬉しい。

好きが高じてレッドマンゴー本社まで出向いたテギュンさんの話では、日本進出計画が進んでいるそう。この本が店頭に並ぶ頃には、もしかしたら…。

食い倒れmap
ゲプッ

清進洞《チョンジンドン》ヘジャンクッ《ヘジャングック》通り《コルモック》

新旧様々な飲食が並ぶこの通りは、朝から晩まで賑やか!

裏路地
豆もやし撮ってもいい？
あんたモデルとして写真の中に入ったら？ヒヒヒ
ヤーダーもぉー

モデル不在（笑）で、豆もやし

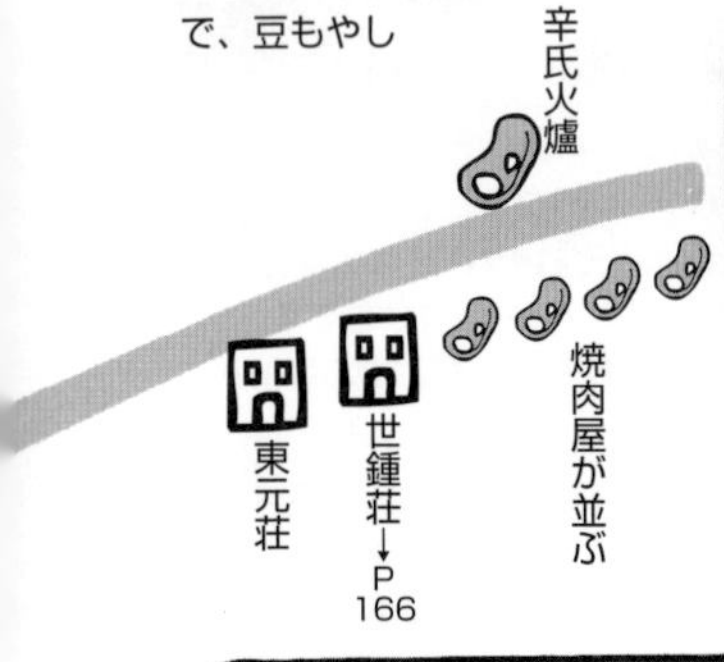
辛氏火爐
焼肉屋が並ぶ
世鍾荘→P166
東元荘

老舗3店舗
ソンジ ヘジャングック食べ比べ

①清進屋《チョンジンオク》
臭みが消され、サッパリ味。ヘジャングックに抵抗感がある人は、まずはこのお店から

②清日屋《チョンイルオク》
具も匂いも平均的。①と②の店は、石鍋の中にゴハンが入ったかたちで運ばれてくる

③紅進屋《ホンジンオク》
ソンジが大きい。得意な人は満足感が得られ、嫌いな人はどけやすい（笑）

人情味溢れる通り

私のソウルでの拠点はいつも清進洞《チョンジンドン》ヘジャンクッ通り。「鐘閣は年寄りが多い街だから、若いカップルがイチャついていると注意されるよ」キョンジがそういって笑った。

確かにジジババが多い。カップルを注意する場面は見なかったけど、『あれ食え〜』『こう食え〜』『どこ行くんだ〜?』『どうした〜?』と、私にもずいぶんとお節介を焼いてくれたっけ。ときにはホロリ、ときには日本語でツッコミを入れたくなるようなやりとりが楽しい。

24時間営業のヘジャングック屋のおかげで、夜遅く帰って来ても朝早く出かけても、通りにはいつも人と明かりがある。

薬酒の口上売り。生きたムカデを北京特産高粱酒（アルコール50％）の中にポイポイ。1人のアジョシが3本買ったら、ヒュ～ヒュ～冷やかされていた。そっち系の酒？（笑）
寄ってらっしゃい見てらっしゃい
チネ！ チネ！
新新圓
インサドン店同様（P48）麺打ち実演しているもののギャラリーゼロ！
ムス
ムス顔は会社方針か？
②清日屋《チョンイルオク》→P38
●刺身屋
南原食堂（グルビベッバン）→P43
オソンチョ→P36
焼肉は1人で行ってもオーダーは2人前から（泣）
モーテル
黄金豚
パッサンモリ
美都旅館→P164
ポッサム→P39
ヒョニネバベキュ
●トースト&サンドウィッチ
炭火焼
新進荘
③紅進屋《ホンジンオク》→P38
※HOF
Oktoberfest
②清日屋《チョンイルオク》
※HOFとは、主にビールを出す酒場
ソウル観光ホテル
ひなびたバーだと思って行ったら大ホールのファミレス風店内！
ワイワイ
1人で来なくてよかった…
ウマ～いビールが味わえます
ドトール●
富林モーテル
清進旅館
参鶏湯トンダッ
辛氏火爐
毎晩、眺めた店頭のトンダッ
えっ？営業妨害!?
いいなーぐるぐる
1人じゃオーダーしにくいよな
じゅるー
気分はビンボーな子供
トッポキ スンデ オデン
農協BK
약
←教保文庫P40
冬になると出没する焼き栗アジョシ

伝統茶屋・オソンチョ

●ここはスナックか？お茶屋か？

くどくど
くどくど
くどくど
入口がニーあるだろ、そしたら客はニー入ってくるワケだ
そーしたらテーブルの向きは横長じゃなくて縦長！
ほら、これですっかりよくなった！
なぁ、そーだろ
ガタ
ガタ
…
ハハハ…ゴメンよ
まだ昼の2時なのに夜の8時の光景に思える
アドバイスという名のくだを巻いている
酔っぱらいのオッサンと
スナックのママってカンジ

くつろぎのひととき

美都旅館《ミドヨグァン》がある細～い路地。いつものように歩いていたら、ぷぅ～んといかにも身体に良さげな漢方の臭いが漂ってきた。クンクン嗅いで匂いの先を探していくと、匂いの元は路地沿いのパッサンモリ斜向い、白い壁の小さい窓からだった。

　ここは創業25年の小さな小さなお茶屋さん…って、私、今まで全く存在に気がつかなかった…。でも、美人女将（笑）の手振り身振りの話からすると、移転を何回かしてきている様子。もしかしたら、ここでの営業は日が浅いのかもしれない。

　この店の存在に気がついたのが帰国直前。全然通えなかったのが残念でしかたがない。

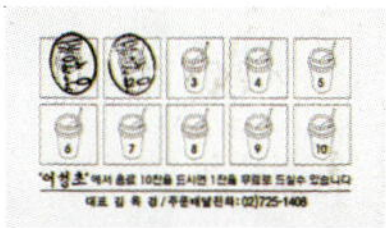

スタンプカード。10回で1杯がタダ！

女将という言葉がピッタリな美人店主。でもテレビを見ながら「カァ〜アイゴー」とかいっている姿はやっぱり韓国人（笑）

전통찻집
한방차
어성초
쌍화탕
대추차

オソンチョの外観

娘さんがデザインしたお店のロゴマーク

●女将と…
営業時間は
9:00AM〜
10:00PM
月〜土まで
ヒョイ
あ〜ら、
もう10時なのに
まだ お店
開けてるの?
今日は、もうおしまいよ
でも、お店に
日本人のお客さんが
いるから、やってんのよ
ゴシゴシ
あなた、年はいくつ?
独身?
うちの娘は29なんだけど
来月、結婚するのよ!
ブライダルカードも
娘が自分で作ったの
テーブルの向きは
横・長・に
直してあった(笑)
女友だちの店に
いるような ひととき
お菓子も出血サービス
しょうがせんべい
ハンガァ
トック
娘さんキレー
韓国語会話本で指さし会話をする2人

ヘジャングック屋

●触れ合いが欲しいなら清日屋

食べ始めるとき アジュンマが
コチュ入れて 食べてごらん
ほら マシッソヨ!
マシッダ (ウマイ)
食べている途中で お兄さんが
キムチ タベル?
キムチ
ネ
日本語だ
カラッ

会計のとき アジョシが
・・・・
five thousand won
ん?
1000
うわっ 間違えましたっ
ハハハ ケンチャナヨ
お店の人 みんな 温かい

●専門店通りの苦悩、紅進屋

ガラ ガラ ガッシャーン
厨房→
シャレに なっとらん
ムッ
しっかりしてくれよ! 清進屋に行っちまうぞ!
登山帰りのアジョシーズ

ポッサム屋
ヒョニネバベキュポッサム

茹でた豚肉がもっとも苦手な私。くちゅっとした食感がダメ。でもここのポッサムは炭でBBQしてあるからカリッ、激辛キムチで巻いて食べるから豚肉の味が薄れて食べやすい。

いつも混み混みの店内は、1人ではちょっと入りづらい。

※ポッサムとは、茹でた豚肉を浅漬けのキムチで巻いて食べる料理

本日のオーダー
一番人気の
バベキュポッサム
肉
生ガキ
キムチ
ミヨクック
ワカメスープ
タダでついてくる
薬味
ケランマリ
大量!
塩味の卵焼き

2階
厨房（肉は店頭で焼いている）
2階はまるで2段ベッドの上にいるような気分!
ハルモニ
キムチ
1階
ハングルオンリーのメニュー書き
ヨギヨー
メックチュハンビョン ジュセヨ
（ビール一本ください）
ヒョイ
あいよー
カタコトのハングルでも理解してくれる気さくなアジュンマ
全テーブルがバベキュポッサムをオーダー
スゲー
ウッウッ
ブツブツ
日本語通じない……
地元の人間ばっか
薄汚ない……
狭い……
オレ、絶対腹壊すよっ
くまちゃんのバカー
古典的な日本人
でも、帰るときには
カムサハムニダー
豚好きにはたまらんウマさ!
オバちゃんもいい人だし、安いのもいいね!
くったくった
そりゃよかった
ビール3本含めて2人で4万Wでおつりがきた!

教保文庫《キョボムンゴ》～鐘路1街《チョンノイルガ》

愉快なアジュンマたちと触れ合えるエリア

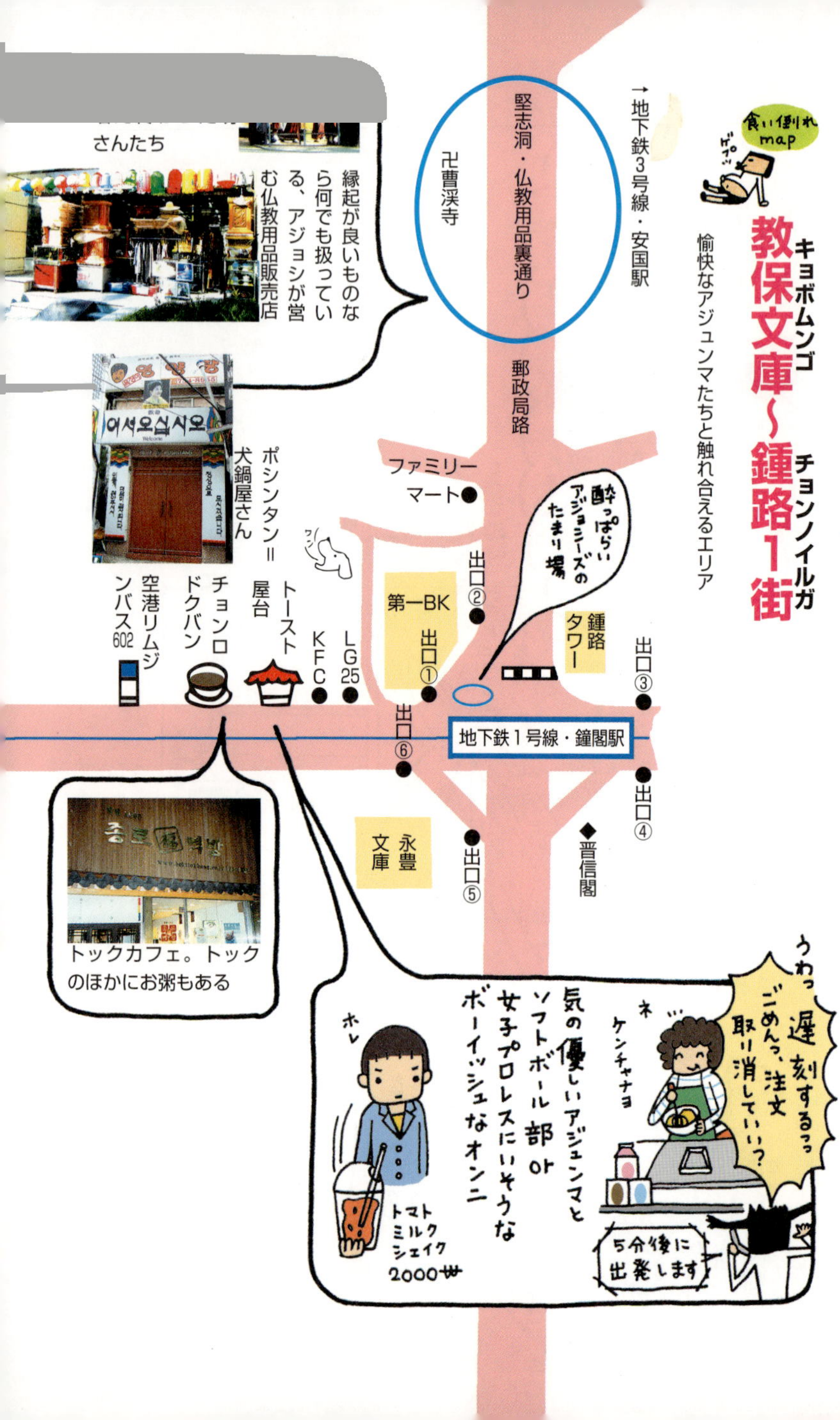
食い倒れmap
ゲプッ
→地下鉄3号線・安国駅
堅志洞・仏教用品裏通り
卍曹渓寺
さんたち
縁起が良いものなら何でも扱っている、アジョシが営む仏教用品販売店
어서오십시오
Welcome
郵政局路
ファミリーマート
酔っぱらいアジョシーズのたまり場
出口②
第一BK
出口①
鐘路タワー
出口③
ポシンタン＝犬鍋屋さん
トースト屋台
チョンロドクバン
空港リムジンバス602
KFC
LG25
地下鉄1号線・鐘閣駅
出口⑥
出口④
出口⑤
永豊文庫
◆普信閣
トックカフェ。トックのほかにお粥もある
うわっ 遅刻するっっ ごめんっ、注文取り消していい？
ネ… ケンチャナヨ
5分後に出発します
気の優しいアジュンマとソフトボール部 or 女子プロレスにいそうなボーイッシュなオンニ
ホレ
トマトミルクシェイク2000W

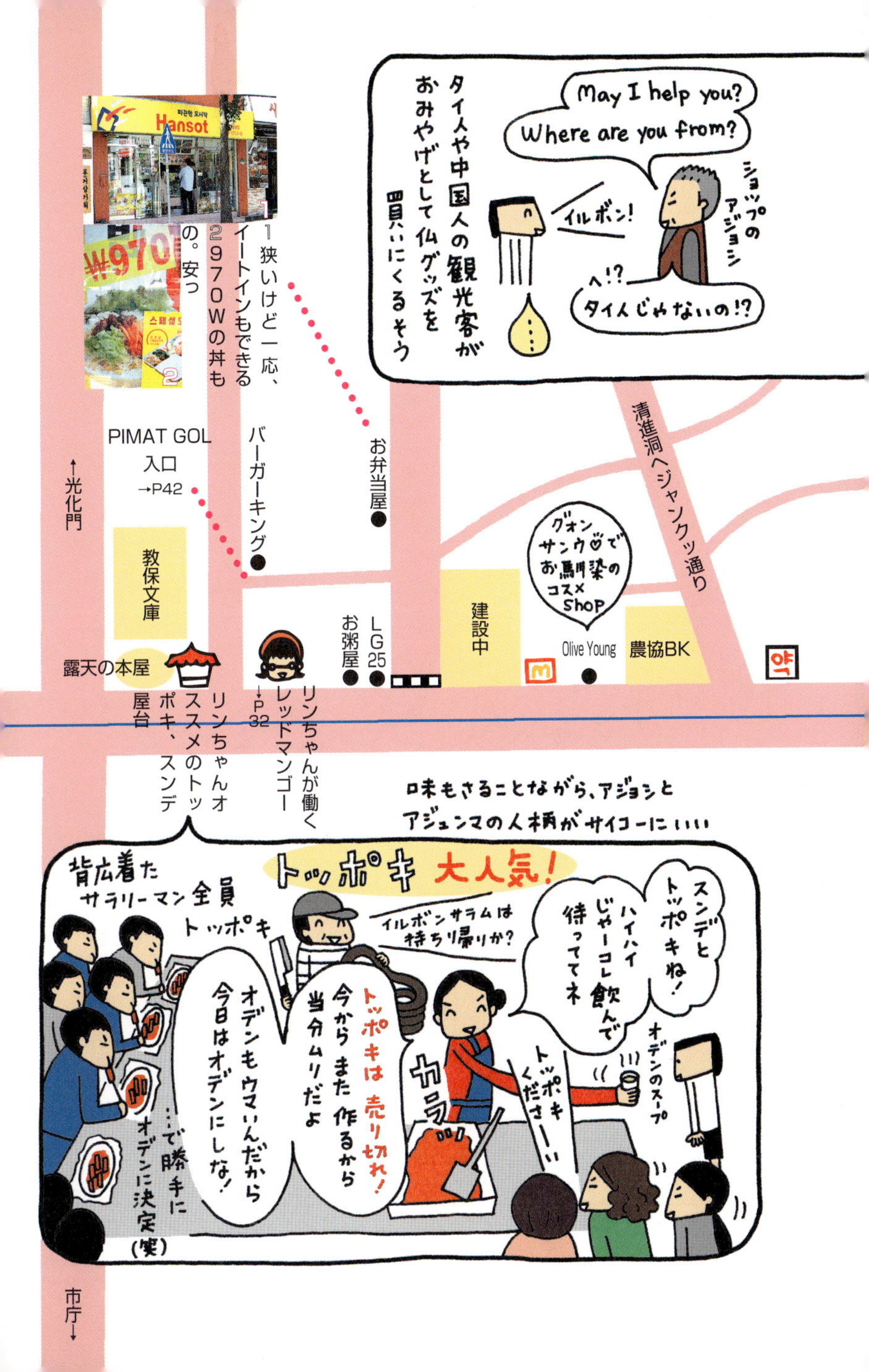
タイ人や中国人の観光客がおみやげとして仏グッズを買いにくるそう
May I help you?
Where are you from?
イルボン!
ショップのアジョシ
へ!?
タイ人じゃないの!?
Hansot
₩970
1 狭いけど一応、イートインもできる
2 970Wの丼もの。安っ
PIMAT GOL
入口
→P42
↑光化門
教保文庫
バーガーキング
お弁当屋
清進洞へジャンクッ通り
グォンサンウ♡でお馴染のコスメShop
建設中
Olive Young
農協BK
약
お粥屋
LG25
露天の本屋
リンちゃんが働くレッドマンゴー
→P32
リンちゃんオススメのトッポキ、スンデ屋台
味もさることながら、アジョシとアジュンマの人柄がサイコーにいい
トッポキ 大人気!
背広着たサラリーマン全員
トッポキ
イルボンサラムは持ち帰りか?
スンデとトッポキね!
ハイハイじゃーコレ飲んで待っててネ
オデンのスープ
トッポキくださーい
カラ
トッポキは売り切れ! 今からまた作るから当分ムリだよ
オデンもウマいんだから今日はオデンにしな!
…で勝手にオデンに決定(笑)
市庁↓

定食屋で食べる

PIMAT GOL《ピマッコル》

●大林《テリム》食堂

おー
うちで食ってけー
これは サワラ
こっちは いしもち
まぁ!

魚の名前が日本語でいえるアジュンマ。『ハイ、キムチー』でチカコちゃんとパチリ

店頭の魚を焼くアジュンマのフレンドリーさにつられて店の中に入ったら
ムスッ
チョギヨー、イカの塩辛おかわり〜!
返事も視線もナシかよっ
ドン
フン
中で働く若いアジュンマは
超無愛想
だった

●他の定食屋も…

店頭のアジュンマは
イゴッスン モイェヨ?
(コレ、何?)
サムチェ マシッソヨ!
フレンドリー
中で働くアジュンマは
チラッ
サムチェで定食よろしく〜
フンッ
やっぱり
超無愛想!!

● 南原《ナムウォン》食堂

朝ゴハンにも昼ゴハンにも中途半端な
11時に行ったので、客はアジョシ1人だけ
だからアジュンマが焼いた魚をほぐしついでに
私の世話も焼いてくれた
焼き魚は こうやって、ほぐすのよ ホラ、お食べ!
ケンニップは 白ゴハンにのせて 食べるとオイシイよ お茶碗の上にスプーンを のせて…やってごらん
定食のメニューを 知りたいの?、1コずつ教えて あげるわよ
ぺらっ
こーでしょーか?
ということで 教えてもらった
本日の 定食メニュー
チグムチムチム
ほうれん草のナムル
ミヨックク
ワカメスープ
スンニョン
おこげスープ
スックジュ ムチム
もやしのナムル
クルジョッ
生ガキの 塩漬け
ペチュキムチ
白菜キムチ
チョンガキムチ
小ぶりの大根のキムチ
ケンニップ
エゴマのしょう油 漬け
辛くてクセになる ウマウマさ!
パップ
白ゴハン
チョギグイ
いしもち焼き

食い倒れmap
ゲプッ

鍾路《チョンノ》タワー～鍾路3街《チョンノサムガ》

夕方から凄い活気を見せる、屋台が続くエリア

鐘閣駅端の改札口近くの計り売りお菓子の屋台
100g 1000₩
これオイシイよ
25gはオマケね
これもオマケ!
この分だけね
これとあれとそっちも
えらく愛想とサービスがよかった
毎日通るときチラ見してたのバレてた?
もしくは恐ろしく売れてない?

仁寺洞ギル←

タプコル公園

1000Wショップ

ドーナツ屋台

ホットク屋台

サクッと揚がったドーナツとポテトサラダの相性◎、500W

地下鉄3号線・鍾路3街駅

地下鉄1号線・鍾路3街駅

ホットク屋台

ゴハンの配給をしているので、時間帯によっては怖いかも

ホットク食べ比べ①

ノーマルホットク

どの店のホットクも1コ500₩

ホットク食べ比べ②

Best of ホットク

中央市場→P62近くの茶ホットク屋さん。モッチモチの生地を噛むと、具のゴマ＋黒蜜がトロ～ン。たっぷり入ったサービス過剰な具、広がるシナモン臭、これで500Wは涙もの！ 群を抜いてウマい

ホットク食べ比べ③

アジョシ、アジュンマ、オンニ…
家族経営か?
ドーナツと一緒にやる気な～く売る緑茶ホットク

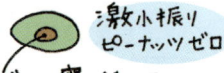

温め直せ!

激小振り
ピーナッツゼロ

ゴマと蜜が1ヶ所に集まりすぎてコゲているように見える（別にトロ～リとするワケでは、ない）

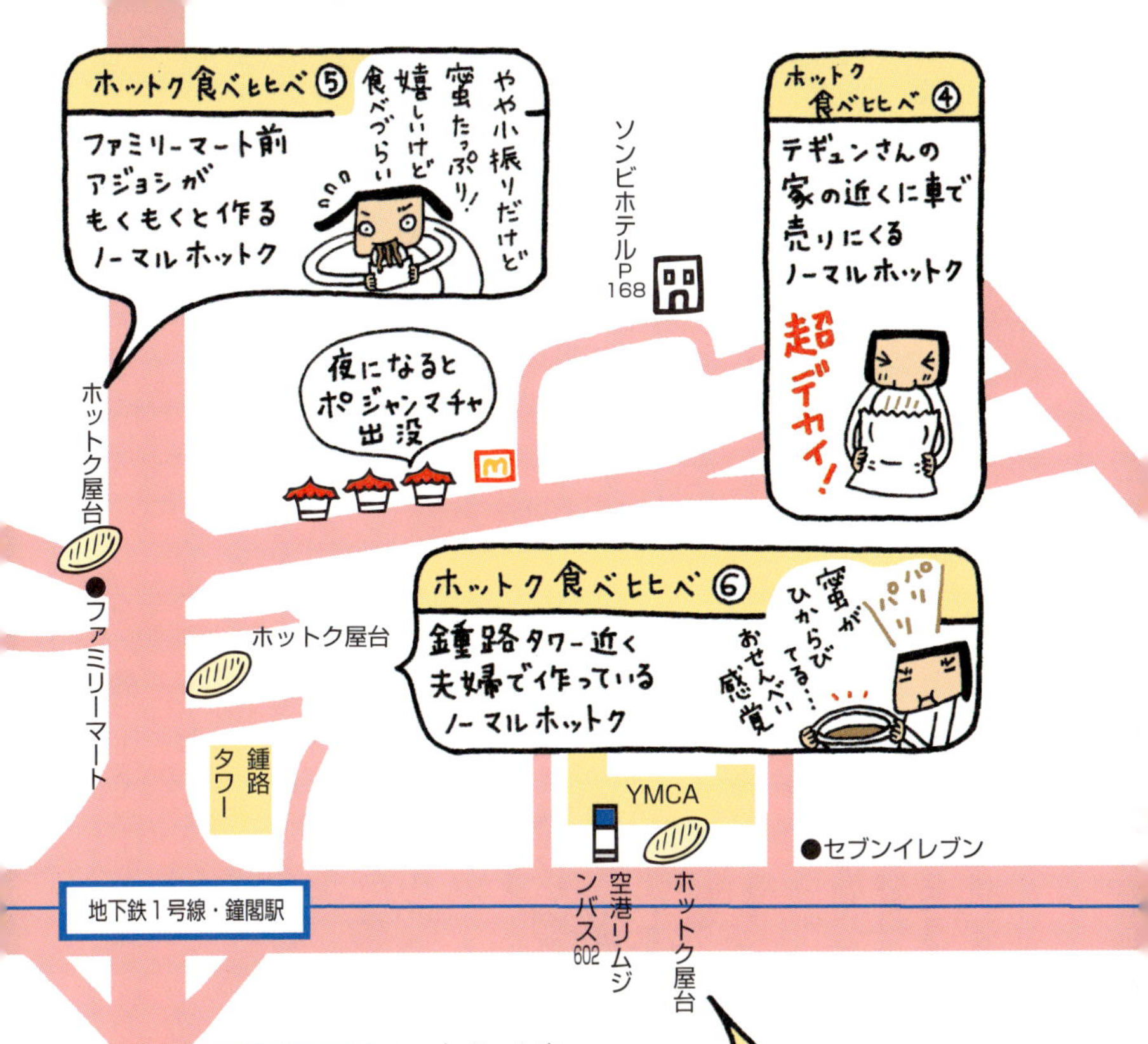
ホットク食べ比べ⑤
ファミリーマート前
アジョシが
もくもくと作る
ノーマルホットク
やや小振りだけど
蜜たっぷり!!
嬉しいけど
食べづらい
ソンビホテル
P168
ホットク
食べ比べ④
テギュンさんの
家の近くに車で
売りにくる
ノーマルホットク
超デカイ!
夜になると
ポジャンマチャ
出没
ホットク屋台
ファミリーマート
ホットク食べ比べ⑥
鍾路タワー近く
夫婦で作っている
ノーマルホットク
蜜がひからびてる…
おせんべい感覚
パリパリ
ホットク屋台
鍾路タワー
YMCA
セブンイレブン
地下鉄1号線・鐘閣駅
空港リムジンバス602
ホットク屋台

方向音痴の道しるべ、鍾路タワー。とりあえず迷ったら、上を見ろ！（笑）

日曜日の午後、その鍾路タワーのたもとで卓球大会に興じる人々

ホットク食べ比べ⑦
アジョシもしくは
お兄さんが
ケランパン、オデンと
一緒に作っている
緑茶ホットク
ピーナッツ
たっぷり
でも蜜は
少なめ
カップは食べやすい

鍾路タワーB1のフードコート

ここのフードコートは人も少なく規模も小さいから、フードコートのシステムを知らない初心者でも簡単に注文することができる。

タイでよくフードコートを利用する私。でもシステムがタイとは違った。お国によってちょっとずつシステムが違うのね、ということで、簡単に注文の流れを説明していきましょう。

演奏者
ビール
夜は生演奏が入って、大人の（？）雰囲気。ビールが欲しくなったら、奥のお兄さんのところで注文、会計

●フードコート注文の仕方

①サンプルで食べたいものを決める。

ドン引き
安いのはいいが量が多過ぎてオーダーが出来ない!
kimch Tuna Dolsot Bibimbob 4500₩
大重量感
石鍋デカッ
食ってけドロボー! 全品巨大増量! どんだけ食わす気だー
Sausage Special 4900₩
フライ
Seafood noodle
あさり Soup in tray 4500₩
丼の底にはツマと化した大量のフライドポテトが!!
タンスユ
チャジャンバップ
ピラフ
赤いスープのシーフード
A Sweet heart set 8800₩
スィートというより胸焼けするだろっ
サンプルの量に偽りナシ! 嬉しくねー
ところが。。。
何回か渡韓すると
フードコートってつけ合わせのおかわりがないのが淋しいね
パクパク
ケロッ
Pizza Pilaf 5900₩
1時間かけて完食(笑)。慣れってスゴイ!

②注文を受けつけるレジを探し、料理名、もしくは品番を告げる。会計が済むと食券が渡される。

レジで
ピザピラフ!
5番
10000
作ってくれるブースを伝えてくれる

③電光掲示板で自分の食券番号をチェック、もしくはブースで食券を見せてアピっておいて、呼ばれるのを待つ（笑）。

出来上がったら呼ぶから近くに座ってて!
5

④ブースの人に呼ばれたら、もしくはモニターで自分の番号を見つけたら、ブースへ行って食券と引換えに料理をゲット。

セルフサービス
スプーン、箸返却
←トレー返却
抗菌されたコップ
浄水器
韓国人でもおひとり様がいるんだなあ
どーん
どーん
あまり混むことがないので1人でのんびり食べるのに最適なフードコート

他のフードコート

ロッテデパート

市場の買物同様、先送りすると買えないくらい広〜いフードコート。なのにトレーは、注文したブースに返却。ほうぼうで注文すると返却迷子になるのが難点

サムイク フェション ビルディング

갈치조림전문
코다리전문

南大門市場《ナンデムンシジャン》のファッションビルの最上階のフードコート。ブースに直接オーダー、食後に会計→P23

食い倒れ
map
ゲプッ

仁寺洞《インサドン》ギル

流行と伝統、観光客と韓国人が入り交じった、行けば行くほどハマる通り

テレビ出演① クレタレ
カメラ回すから楽しそうにしてね
あ、カメラは見なくていいから
チッ
寄ってらっしゃい見てらっしゃい！クレタレ実演販売始めますよー

レッドマンゴー。仁寺洞ではアルファベット表記を禁止されているので、レッドマンゴーもご覧のとーり

맷돌순두부
Dolkemaeul Tofu House

メッドル＝石臼で作った、昔ながらのスンドゥブってことを店名でアピール！？　ジュンヒョンさん曰く「本当にメッドルで豆を擦って作ったかは疑問（笑）」。確かに（笑）

新新園

スンドゥブ専門のチェーン店
メッドル スンドゥブ

夕方から出没する屋台

タプコル公園

₩1.000

ヘアーアクセサリーの屋台。他のエリアで買うより安い

鍾路3街→P44

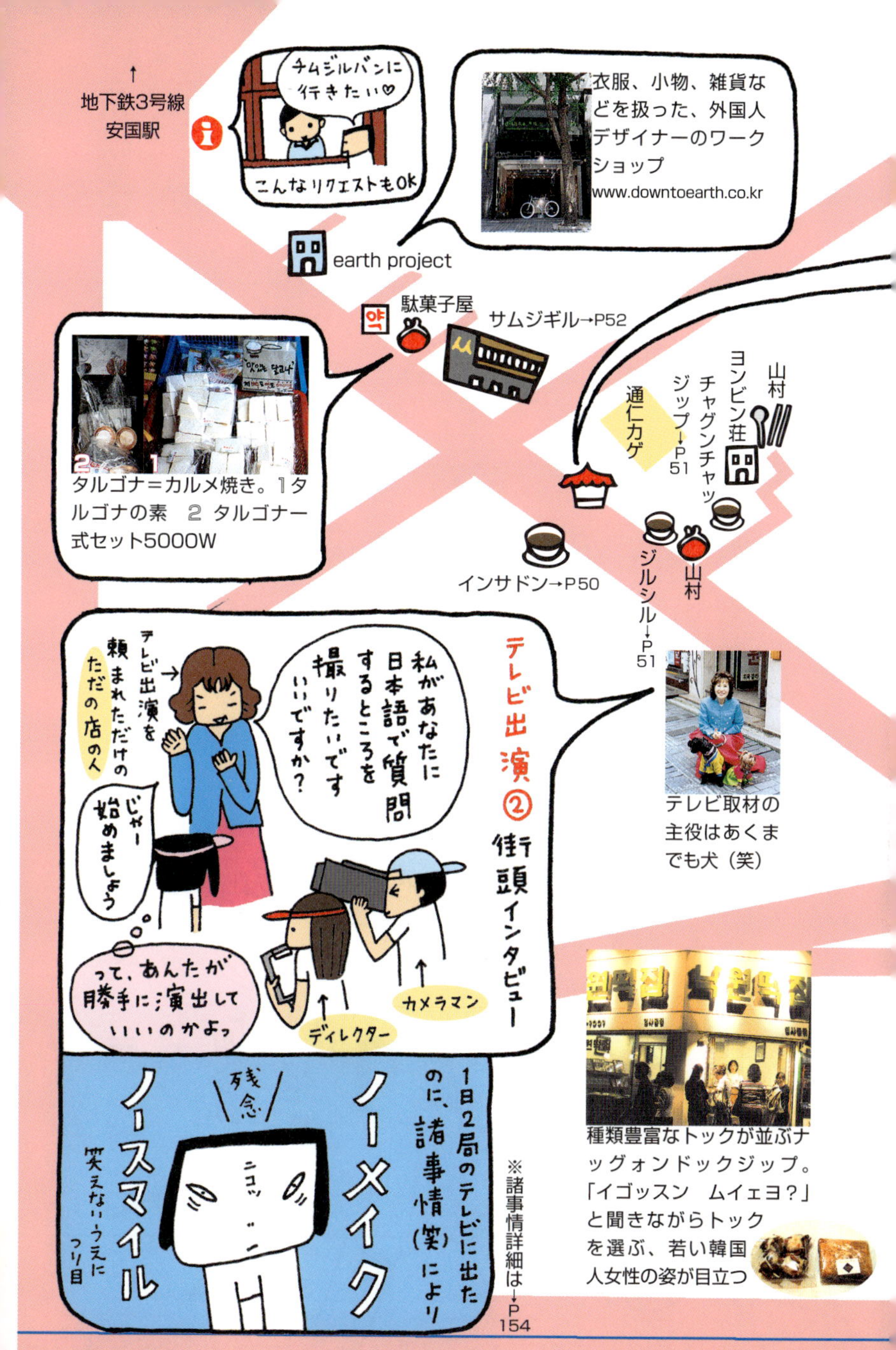

地下鉄3号線
安国駅
チムジルバンに行きたい♡
こんなリクエストもOK
衣服、小物、雑貨などを扱った、外国人デザイナーのワークショップ
www.downtoearth.co.kr
earth project
駄菓子屋
サムジギル→P52
タルゴナ＝カルメ焼き。1タルゴナの素　2 タルゴナー式セット5000W
通仁カゲ
チャグンチャッジップ→P51
ヨンビン荘
山村
山村
インサドン→P50
ジルシル→P51
テレビ出演②
街頭インタビュー
テレビ出演を頼まれただけの
ただの店の人
私があなたに日本語で質問するところを撮りたいです
いいですか？
じゃー始めましょう
って、あんたが勝手に演出していいのかよっ
ディレクター
カメラマン
テレビ取材の主役はあくまでも犬（笑）
1日2局のテレビに出たのに、諸事情(笑)により
ノーメイク
残念
ニコッ
ノースマイル
笑えないうえにつり目
※諸事情詳細は→P154
種類豊富なトックが並ぶナッグォンドックジップ。「イゴッスン　ムイェヨ？」と聞きながらトックを選ぶ、若い韓国人女性の姿が目立つ

伝統茶を飲む

インサドン

伝統音楽、仄暗い照明、木を基調にした内装、お茶は全て手作りで煮出す、もっとも『伝統的』にこだわった雰囲気を持ったお茶屋さん。

カシャ
もう一枚撮るね
カシャ
カシャ
ハーイ
たまたま運悪く日本人おのぼりさん100％

カシャ
撮るわよー
ど、どんだけ撮れば気がすむんだ？
日本語サクレツ
カシャ
カシャ
カシャ
ハイ、チーズ！
カシャ
カシャ
カシャ
暗い店内でなぜかオレと茶撮影大会
っつーかオイッ勝手に『オレと茶』撮るなよっ
カシャ
ヒヒヒ

ジルシル

떡카페
Tteok Café JILSIRU
질시루
トックカフェ ジルシル
www.kfr.or.kr
인사점 733-5477

大通りに面した店なので、見つけやすく入りやすい。ピンクのエプロンをした店員さんも目印となっている

小振りで1つ1000₩~
種類が豊富!
素朴な味

お菓子を注文してイートインすればお茶代はタダ!
本日のお茶は緑《ノク》茶《チャ》でした
ガクッ
ただし日替わりなので
ハズレると最悪…
スジョンガとか韓国っぽい茶が飲みたかった
カボチャのトッケイク(餅のケーキ)

チャグンチャジップ

おひとり様でもくつろげるお茶屋はないかと探していとき、見つけたお店。でも私が滞在していた小1時間ずっと…、

ガラーン
ズズー
落ちつくけど潰れないか心配だわ

サムジギル

2004年12月にオープン。伝統とモダンとアートのショッピングモール

インサドンメインストリートにあるランドマーク的存在、サムジギル

1F

オッシャレ〜な帽子屋さん。2ヵ月前にきたときは、チェ・ジウもお気に入りだというオッシャレ〜な靴屋さんだったのに…。トレンディスポットは、お店の入れ代わりが異様に早い

懐かしい玩具や駄菓子のお店。インサドンギルのメインロードにもある人気のお店

中庭

週末は参加型イベントが行われ、テレビ取材斑や紙媒体のカメラマンも混じって、身動きがとれない

週末はカップルだらけ
デートスポットだったね、ここ
ロンリー

2F

お洒落な場所には緑茶がつきもの…っつーことで、緑茶専門カフェ

3F
YOONIART GALLERY
YOONIART GALLERY

2階以降のショップは閑古鳥泣きまくり~

至る所にシュールなアートが点在

●ナイス☆ラクガキ

여자

2Fの男女トイレマーク。カワイイなぁ~と見入っていたら、男の雪だるまの腹に△☆×がっ！ なんだよ、これー！ 周りの人にエロエロイルボンサラムだと誤解されたじゃん！（怒）。でも100%認識できる、このアイディアは高く評価してあげましょう（笑）

남자

トイレ

サムジギルで私の一番のお気に入りの場所（笑）

●シュール

B1トイレの壁画。ヤギ、首チョンパのパンチ（パーマ）アジュンマ、気球部分だけが飛んでる気球船、水玉はヤギのオシッコ？

韓国焼肉デビューはチャドルバギ

3号線高速バスターミナル駅、ソウルパレス近くの焼肉屋

ボクが留学していた頃は
ヨン様ブームなんてなかったから
韓国人っていったら
ムシされるかイヤな顔
されるかだったのに
今だったら
モテたかもしれない
行く時期を
間違えた
ブツブツ
日本の
思い出を
語るウテ
サムギョプサル
ウテお気入り
チャドルバギ
チマツ
細すぎて
食った気が
しない
ウテ肉
サイコー
あまりに細く刻まれた
サムギョプサルにガク然とし、
スゥーと溶ける
チャドルバギに感激！

韓国人≠ソウルの達人

ソウルで暮らし働いているウテの毎日は、アパートと会社の往復だけ。週末はというと、実家に帰って地元の友だちや両親とのんびりと過ごす。だから全然ソウルの達人じゃなかった。

えー、なんだよ、それ〜！ってカンジだけど、そういう韓国人…特に男はケッコー多い。テレビを見ない、流行りの店を知らない、チムジルバンへ行ったことがないなど、心許ない。

この焼肉屋も会社の同僚に『日本人ウケするから』とススメられて、予約（笑）。有名店でも人気店でもない、アジュンマの愛想もゼロ…いやむしろマイナス（笑）。初韓国の初焼肉、観光じみてなくてウケた。

キムチチャーハン
シメのチャーハンは おこげの部分が 一番ウマイ です!
ハイ
おこげ取りは コツがいる
だからボクは 小さい頃、 おこげしか 食べなかったです
えっ、こげてない部分? パパが食べてましたね!
今日はボクが その マズい部分を食べます(笑)
これ
ザッ ザッ

親切を台無しにした男
高いお酒ですから 日本へ持って帰って下さい
テイクアウトして!
え゛っ、フタ 捨てちゃったわよ
ということで 百歳酒のボトルの フタ捜索を始めた アジュンマたち
生ゴミ
ぷ〜ん
ないわね!
燃えないゴミ
ぷ〜ん
あのー どの場所から 見つかっても、 再利用して 欲しくないんです けど…
早技で カップル席から フタをひったくって
キュッ
一件落着!
ホッ
と、思いきや
ヘンなものが ついてますね!
ポイッ
あっっ!
ウテの余計な(変)行動で アジュンマの努力は台無し!
ラップで巻いて ホテルまでは 持ち帰ったけど 韓国に置いて帰国
ズル ズル
ウテの アホーー こんなんじゃ 日本に 持ち込めないよー
百歳酒

安い、ウマイ、多い トンガネンミョン

ムルネンミョン

ご近所認識度100%の冷麺店

ビビムネンニョン

奥義

ヨンジュが『うろ覚えマップ』を書いているとき、「梨泰院で韓国人に聞けば、大丈夫です。みんな知っていますから！」とアドバイス。ホントかよ…。

インテリア雑貨店のアジョシ
トンガ？
この通りのもう一本行った通りだよ
家から出て来た老人
トンガ？知らんがな。でもネンミョン屋はウンタラカンタラ・・・
何やら説明を長々と始める
韓国語で

急ぎ足で歩くお兄さん
知ってるよついてきな
下校中の子供
ネンミョン？
あそこだよ
そこいらの韓国人
ホントに誰もが知っていた!!

※場所確認はP97を参照

実食
ハマった!!
激激激激
ウマスープ
実はネンミョンそっちのけで
（セルフサービスなのをいいことに）
ニャハ
ニャハ
ジョロー
何杯も
おかわり♡
寒い日に飲むとよりウマさがしみる
大根のピクルス
肝心のネンミョンは
ヨンジュ・オススメ
ムルネンミョン
ウマ
細いけどコシのある麺
刻みキュウリ
コチュジャン
ゆで卵
白ゴマ
日本の冷麺を食べ慣れている人には
麺が細すぎる
物足りない？
小サイズ
小 3500₩
中 4000₩
大 5000₩
サイズは3種類
大サイズ
この量とウマさで
3500₩
お得！
器は同じだけどカサが違う
日本人には小で十分！

スンデ追っかけ悪戦苦闘記

なじられても無視されても裏切られても、スンデが好きなんです〜!

ファーストスンデはガックシ

初韓国。東大門市場《トンデムンシジャン》のショッピング後、スエに連れてこられたスンデ専門店。ドキドキのワクワク♡で徐々に出来上がるスンデポックンを見つめていた。「go ahead（ほれ、食え!）」

韓国に来た目的は?
スンデ♡
あんたバカ!?

スエの合図で、恋焦がれた愛しのスン様を口に運ぶ。モグモグ、ウッ、なんででしょうか、非常におマズい。

春雨というよりも白滝のようなブヨったタンミョン、ゴムのような腸、タンミョンが逃げないようにこれまたゴムのようなカンピョウで腸を胴巻き。ソーセージというにはおこがましいお粗末な…う〜ん、なんだろ、これ（笑）。ガイドブックがいう『豚の腸に餅米やタンミョン、豚の血などを詰めたもの』ではない。だって、血も餅米も見当たらないもん!（怒）。

日本でもションボリ

日本の韓国料理屋で食べたスンデもマズかった。タンミョンばかりが際立って、まるで白滝ソーセージ。ヘルシーといったら聞こえはいいけど…といったら、ヨンジュが「ヘルシーじゃないです」と反論。マズいうえにヘルシーでもないのかよ…。

私が思い描くウマいスンデに出会いたい!もしあるのならスンデ工場に行って、ベルトコンベアーで大量に流れるスンデを見てみたい!私のスンデへの思いは更に強まった。

セカンドスンデはぬか喜び

渡韓した夜、スンデ大好きな私を喜ばそうと、アルムダウン医院長夫人のヘーギョンさんが、議政府《ウィジョンブ》にあるスンデ専門店へ連れていってくれた。

　スンデグックを注文。タンミョンがエバっているものの、今まで食べてきた日韓のスンデの中では、一番タンミョンが少なく、餅米の食感があった。ビジュアル的にもドス黒い輪切り姿でまずまず。ちょっとだけ理想のスンデに近づいたってカンジ。

　帰り際、お店の人に無理をいって、スンデの仕入れ業者の電話番号をゲット。そして翌日、ヘーギョンさんがこの社長に電話をすると、

「工場見学は、連絡をくれれば、いつでもいいですよ」

すんなり許可が降りた。ヤッター、ベルトコンベアーにドンドコ流れるスンデが見れる～♡

　喜んでいたのもつかの間、後日、見学の日時を伝えるための電話をしたら、

「日本人だからダメ！」

態度豹変。日本人だからダメ!?

当時はおりしも反日感情真只中。もしやこのスンデ社長はアンチ日本人!?

「日本人は綺麗好きでしょ。スンデ工場は汚いですから、悪評を立てられると思ったんですね、たぶん」

とヘーギョンさんが分析。なるほどと納得。こうして初のスンデ外交（笑）は失敗に終わった。

輸入スンデ業者を狙え！

　帰国して大久保にあるスーパー、韓国広場→192に向かった。

「日本へ輸出しているスンデ業者なら、日本人の取材を断ったりしないんじゃない？」

ヘーギョンさんの冴えたアドバイスを元に、メイド・イン・ソウルのスンデを購入。

　その後、テギュンさんが記載されたソウルの連絡先と交渉し、取材許可が降りた。もちろん『日本人』で承諾済み。よ～し、今度こそ工場見学だ～！

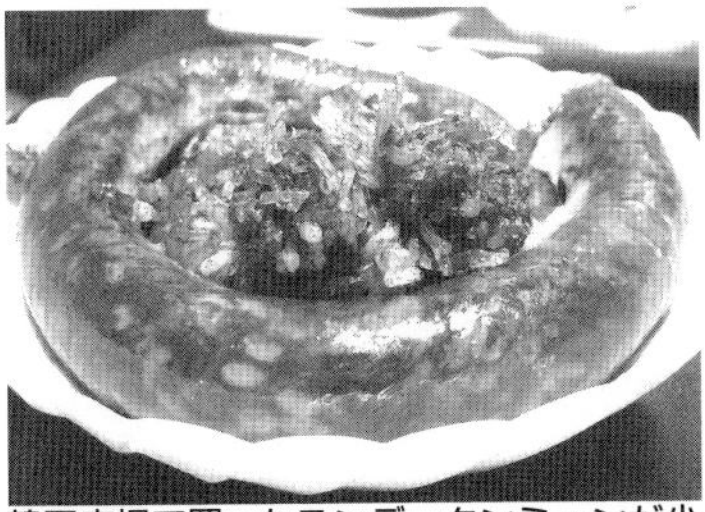
韓国広場で買ったスンデ。タンミョンが少なくて、豚の血と餅米がたくさん！　茹で上がったスンデは、味がしっかりついているから、そのまんまで食べてもウマ～！

トゥントゥンイ ハルモニジップ…衝撃の事実！

日本で購入したスンデに記載された住所を頼りに辿り着いたものの、またもや大どんでん返し！

工場じゃない？

　地下鉄3号線・東大《トンデ》入口《イップグ》駅3番出口、奨忠洞《チャンチュンドン》チョクバル通り。豚足で有名なこの通りに目的の店、トゥントゥンイ ハルモニジップはあった。ソウル中心部という立地と、ハルモニ以外は誰も作り方を説明できないといわれたことから、スンデは工場生産ではなく、ハルモニが1人で店の隅で背中丸めてコツコツと腸詰め（笑）していると推測。

日本で購入したスンデ。チョクバル屋の看板も店内に飾られた写真も、このハルモニがトレードマーク

　でも日本に輸出する量を手作業…ありえなくない？

ハルモニはいいっていったのに！

　店はハルモニの顔が看板になっていたので、すぐに分かった。自前にハルモニから取材許可は貰っていたけど、連絡ナシで押しかけたためハルモニは不在だった。でも、まぁ、折角だから夕飯はスンデにしよう♪とテギュンさんと決めた矢先、想定外のお言葉が…。

「スンデ？ うちはチョクバル専門店だからスンデはないよ」

「え？ だってスンデを作って、日本に輸出しているじゃない。ほら！」（ハルモニが印刷されたパッケージを見せる）

「うちは名前を貸しているだけ」

「じゃー、製造している工場の連絡先を教えてよ！」

アジュンマはすぐにどこかへ電話をし、工場の電話番号を聞き出した。そして、そこへ電話をかけた途端、態度急変！

「工場の番号が変わって、もう連絡が取れない。も〜、今、忙しいのよ！（怒りだす）」

　あ〜あ、またスンデの道が閉ざされちゃった。またイチから調べ直しか〜。ガックシ。

シンリムドン スンデタウンのスンデの味は？

スンデといえば、シンリムドン スンデタウン
まるごとスンデのビル、ミンソク スンデタウンを訪れた

韓国人はスンデが好き？

『スンデ好きなら、スンデタウンに行かなきゃ！』なんて韓国人誰もススメなかったけど（笑）…というか、キョンジには「スンデ好きなの～？ 新林洞に行くの～、うぇ～」って思いっきりイヤな顔された…。一緒に3階をまわったジヒも初スンデタウンだから、という好奇心でついて来ただけで、決してスンデが得意というワケではない。韓国人の間でも、スンデ好きはそう多くない。

1スンデタウン入口。2小さな店舗が密集営業する3階フロア

本日の回答者
トスンイ元祖スンデ専門店 店長、クゥさん

1階の店長に話を聞く

夜7時。スンデ好きなリンちゃんとそうでもないテギュンさん（笑）と共に、混み合う1階のトスニ元祖スンデ専門店にやってきた。早速、店長のクゥさんにインタビュー！

Q他店との違いは？

A他店は量で勝負、うちは味で勝負。ソースとスンデにこだわっている。

Qスンデはどこから卸している？

A工場と提携し、独自に開発したレシピを元にスンデを作っている。

Q1日の来客数は？

A平日は1500人以上、週末は平日の2～3倍。

新林洞で30年。韓国に80のチェーン店をもつ。日本人は韓国人に連れてこられて来店する場合が多いとか。私的にはタンミョンが占める割合いが高いスンデ自体に、美味しさは感じらなかった。オススメは、ソースのウマさが際立ったペクスンデポックム。これは箸が止まらない。

中央市場のスンデ通りでスンデ見学

中央市場のスンデ通りで、スンデとチョクバルを卸して30年のホンジン サンフェで美味しいスンデについて聞きました～♪

「快適になった中央市場が皆さんのお隣にあります」

キムチとお惣菜

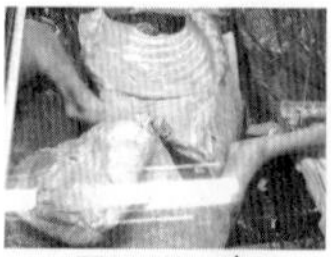

ワンワン肉

2004年秋にリニューアルした中央市場。なんでも揃う庶民の万屋♪

カラフルなゴム手袋

スンデとチョクバルの卸売りを営む、ホンジン サンフェ。メインストリート正面から入った、左サイドにスンデ通りはある

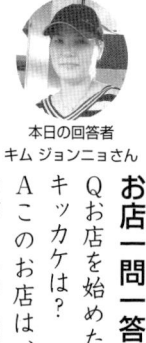

本日の回答者
キム ジョンニョさん

お店一問一答

Qお店を始めたキッカケは？

Aこのお店は、お姉さんの旦那さんが結婚前からやっていました。現在はお姉さんと自分も手伝っています。

Q営業時間は？

A朝4時～夜8時。休日は第2、4日曜日。

Q客層は？

A業者50％、一般50％。4クァン＝約15キロからの売りになりますが、安く手に入るということで一般のお客さんもよく買っていかれます。

Qお店で食べることはできる？

A買うだけです。買ったスンデは、蒸し直して食べてください。

早朝のスンデ作り

汚い、グロいと韓国人からも大不評のスンデ作り。でも私は見たいのよ～（笑）。日がまだ昇らない早朝の市場へ向かった。う～、寒っ！ 市場で働く人って偉いっ

①材料の下ごしらえ
スンデの中に詰める、野菜（ネギ、玉ねぎなど）、タンミョン、肉（内臓）を刻む。豚の腸はよ～く洗浄

②具を混ぜる
①と当日とれた豚の鮮血を混ぜ合わせ、スンデの具を作る

③腸詰め
足踏み腸詰めマシーン（笑）で、具を腸にカカカカカッと物凄いスピードで詰め込んでいく

④茹でる

出来たてのほやほやスンデをパクリ
ほふほふ
得した気分♡
ウマッ

⑤冷す
鍋から引き上げ、自然冷却。茹で上がったばかりのスンデは白い

⑥束ねる
店先でお馴染みのグルグル巻きにして、束ねる

スンデ一問一答

Qスンデ作りで大事なことは？

A当日とれた豚の鮮血と新鮮な材料で作ること。そしてその日のうちに消費すること。また、日本酒やワインなどを具に混ぜて臭みを消したり、ソーセージの表面に豚の脂を塗って乾燥を防ぐことも大事です。

Q良いスンデの見分け方は？

A食べてみないとわかりませんが、手で触ったとき、水分があるものがいいと思います。

Q保存料は入れている？

Aどこのスンデも保存料は、入れていません。


　インタビューはおろか、写真撮影さえも渋るお店が多い中、快く取材を受けてくれたジョンニョさんに、心から感謝です！

竝川《ピョンチョン》スンデ村のスンデは衝撃的なウマさ！

ソウルからバスに揺られて1時間半、
忠清南道《チョンチョンナムド》 天安市《チョナン》　竝川面《ピョンチョンミョン》にある竝川《ピョンチョン》スンデ村へやってきた

ピョンチョンスンデ

今から600～700年前、ここ一帯はアウネチャントと呼ばれ、牛市場があった。牛のクッパと相性が良かったのがスンデだったことから、いつしかスンデのお店が集まり、現在のスンデ村ができた。

フツー、天安に来たらホドゥクァジャ。でも私はあくまでもスンデ！ 日本の韓国ガイドブックには、竝川面の案内すら載ってなかったけどね…

植民地時代、地名が竝川に改名されたことで、スンデもピョンチョンスンデと呼ばれるようになった。ここのスンデは、タンミョンの代わりに野菜を使うので、タンミョンのスンデより価格は高め。

竝川スンデ村は小さなスンデ屋さんがいくつも連なる。個人営業の店のスンデは、全て同じ代物。なぜならば、スンデ職人を持ち回りで各店の調理場に呼び、昔ながらのピョンチョンスンデを作ってもらうから。だから万が一、スンデが足りなくなっても、隣の店から分けてもらえば問題ナシ（笑）。

今回、話を伺ったのは、大手チェーンの名家賢母《ミョンガヒョンモ》とピョンチョン ファントバン スンデ。大手なので、当然ながら職人のスンデではなく、オリジナルで作ったピョンチョンスンデ。名前は同じなのに、どちらも全く違ったピョンチョンスンデに仕上がっているところが、スゴイ！（しかも共に激ウマ）。だって、ほら、元祖と謳ってるのに似たり寄ったりな店が多いじゃない、韓国って（笑）。

私が今まで食べてきたスンデって何だったの？

ピョンチョン ファントバン スンデのキャラクター。もちろん、尾っぽはキュッと閉まってます（笑）

スンデ味比べ

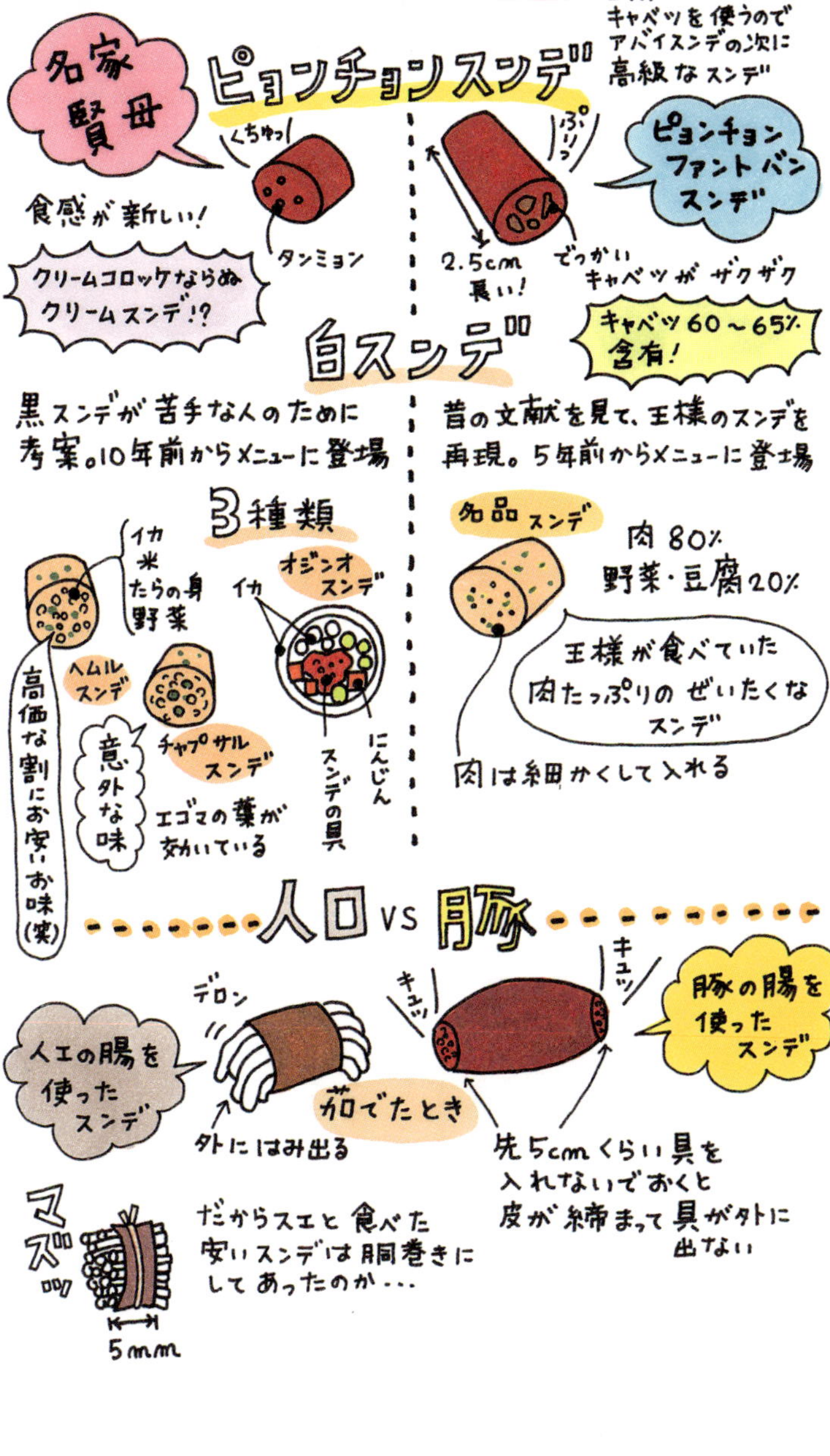
ピョンチョンスンデ
名家賢母
コストがかかる キャベツを使うので アバイスンデの次に 高級なスンデ
くちゅっ
ぷりっ
ピョンチョン ファントバン スンデ
食感が新しい！
タンミョン
2.5cm 長い！
でっかい キャベツが ザクザク
クリームコロッケならぬ クリームスンデ!?
白スンデ
キャベツ60～65% 含有！
黒スンデが苦手な人のために考案。10年前からメニューに登場
昔の文献を見て、王様のスンデを再現。5年前からメニューに登場
3種類
イカ 米 たらの身 野菜
オジンオ スンデ
イカ
ヘムル スンデ
チャプサル スンデ
意外な味
エゴマの葉が効いている
にんじん
スンデの具
高価な割にお安いお味(笑)
名品スンデ
肉80% 野菜・豆腐20%
王様が食べていた 肉たっぷりの ぜいたくな スンデ
肉は細かくして入れる
人口 vs 豚
デロン
キュッ
キュッ
人工の腸を使ったスンデ
豚の腸を使ったスンデ
茹でたとき
外にはみ出る
先5cmくらい具を入れないでおくと皮が締まって具が外に出ない
マズッ
5mm
だからスエと食べた安いスンデは胴巻きにしてあったのか…

ピョンチョン ファントバン スンデの心優しい営業部長さんに…くまくまが出会った（某番組のパクリ）

1992年創業のピョンチョン ファントバン スンデは韓国に210のチェーン店を持つスンデ専門フランチャイズ会社

本日の回答者
営業部長
キム ソンミンさん
見た目は強面、でも中身は韓国一気立てのいい方

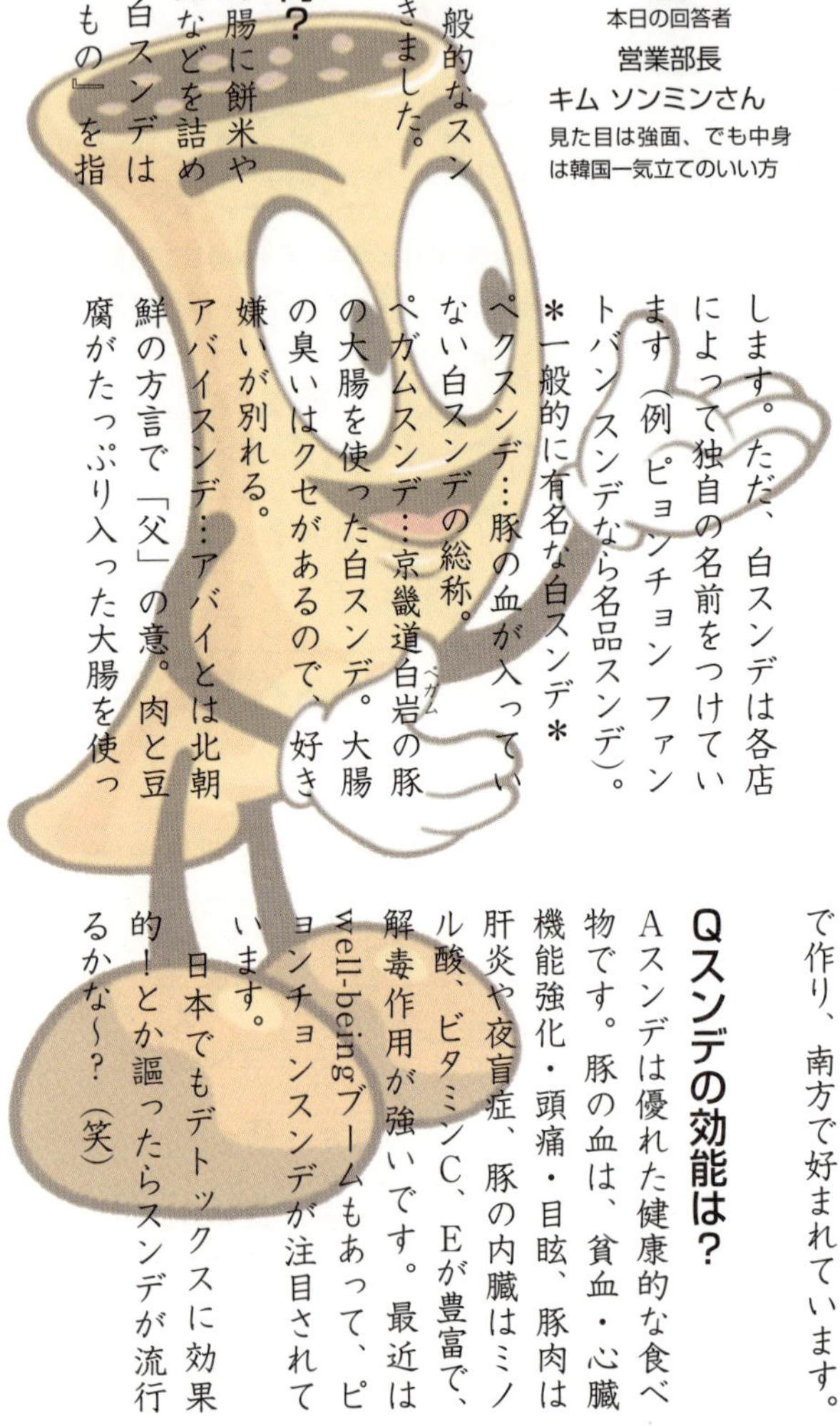

スンデ一問一答

営業部長さんに一般的なスンデの知識を教えて頂きました。

Q白スンデって何？

A黒スンデが『豚の腸に餅米やタンミョン、豚の血などを詰めたもの』ならば、白スンデは『豚の血を入れないもの』を指します。ただ、白スンデは各店によって独自の名前をつけています（例 ピョンチョン ファントバン スンデなら名品スンデ）。

＊一般的に有名な白スンデ＊

ペクスンデ…豚の血が入っていない白スンデの総称。

ペガムスンデ…京畿道白岩《ペカム》の豚の大腸を使った白スンデ。大腸の臭いはクセがあるので、好き嫌いが別れる。

アバイスンデ…アバイとは北朝鮮の方言で「父」の意。肉と豆腐がたっぷり入った大腸を使った白スンデ。豚の大腸は処理が大変な分、アバイスンデは国内スンデの中で最も高級品。

また、アムポンスンデという黒スンデは、豚の赤ちゃんの腸で作り、南方で好まれています。

Qスンデの効能は？

Aスンデは優れた健康的な食べ物です。豚の血は、貧血・心臓機能強化・頭痛・目眩、豚肉は肝炎や夜盲症、豚の内臓はミノル酸、ビタミンC、Eが豊富で、解毒作用が強いです。最近はwell-beingブームもあって、ピョンチョンスンデが注目されています。

日本でもデトックスに効果的！とか謳ったらスンデが流行るかな〜？（笑）

http://www.byungchun-soondae.co.kr/default.asp(韓国語) ※英語サイトあり
ピョンチョン ファントバン スンデの各店舗所在地は、P204に記載

お歳暮
スンデ4種詰め合わせを贈ります
皆さん、とてもめずらしがって喜んでくれます
非売品
アイスボックスの化粧箱に入れます
いーなーいーなー

家庭でスンデを茹でるコツ

①袋からスンデを出して、100℃の湯で30分くらい茹でる
②アイスボックス、炊飯器などの密閉できる容器に1時間冷して、水分を取る（そうすると非常に腸が柔らかくなって食べやすくなる）
③塩よりもセウジョッ(アミの塩辛) につけて食べるとより美味しい。
タンミョンで接着力を出したスンデはいくらでも細く切れるけど、野菜を多く含んだスンデは接着力が弱いので2.5ｃｍくらいの太さで切ると中身が出ずにキレイに切ることができる

야채순대 1kg ₩6,000

通販しています♪
コチュスンデ1kg6000W
ピョンチョンスンデ1kg7000W

고추순대 1kg ₩7,000

愚問
あのー営業部長さんはスンデ食べるんですか？
ウヒ
……
初めの3年は毎日食べてましたけどもう7年目なんで
今は毎朝チェックのために1、2個食べるだけです
スンデを食べようと私の職業を知らない人から誘われたら、仕方なくスンデクッパを食べます
でも私の職業を知っている人が誘ってきたら
殺してやりたい
気持ちになります
どっ
やっぱりそーか(笑)

ついに実現、スンデ工場見学！

営業部長さんがピョンチョン ファントバン スンデの工場に連れていってくださいました〜！

병천 황토방 순대
工場外観

コストと品質を保つために、材料は常に1年先の分まで確保。ただし、血と小腸だけは作る当日の新鮮なもを使用。冷凍保存した腸は、茹でたときに切れてしまうので×

豚の小腸。豚の内臓の中で一番細くて柔らかい小腸を使用

契約栽培のキャベツ

豚の舌

豚の血

全て国産の材料を使用

小腸を洗浄：10回程の加工過程を経て豚の小腸をキレイに洗浄、衛生処理

調理室：豚の内臓、頭、オソリ（内臓の一部）、腎臓、肉などの原材料を、熟成過程時に香辛料を投入。形と大きさで、クッパ用、おかず用に分類

配合室：キャベツ、調味料、タンミョン、豚の頭、血、脂肪、肉を配合

キャベツを蒸すマシーン：キャベツ工場から、刻まれて持ち込まれたキャベツを蒸す

ついにここまで辿りつきましたね
ぐふっ

タンミョンは、ほんの少しだけ入れる

腸詰め：伝統的な手作業と現代的な機械（P63と同じカカカカカッマシーン）を使って、豚の小腸に具を詰めていく

茹でる：お湯の温度を一定にして、スンデを9分間茹でたのち、6分間蒸らす

水洗い：茹で上がったスンデをささっと水洗い

水に浸して冷ます：プカプカ浮かぶ姿は巨大ミミズのよう…

乾燥：うっとりするまでのスンデ、スンデ、スンデ。スンデ休憩中、至極の光景

1急速冷凍：−40℃、48時間ここに保存
2冷凍保管：−18〜22℃、1〜2週間で出荷

包装：ひとつひとつ丁寧に手で詰めていく

ブタ特有の臭いがしない柔らかな歯ごたえが、今までスンデを敬遠していた人にも大好評

スンデクッパ用の肉
スンデクッパ用の粉末スープも生産。国産豚のサボ（骨）を使って香辛料と共に15時間以上熟成させる。粉末特有の淡白な味が若者に人気

出荷倉庫

スンデ工場の現状

スンデを製造しているところの70%が小さな会社で、国の許可が下りていないまま運営している。毎日仕入れる血と腸の確保に悩まされ、はたまたピョンチョンのような美味しいスンデを作ろうと野菜を使えば、野菜の高騰で頭を悩ます。苦肉の作で大手からスンデを卸して、自社の名前で出荷するときもある。決して楽な稼業じゃない。

お電話中（笑）

商品開発室：昔ながらの伝統の味を守りつつ、時代のニーズに合ったスンデの開発にも励む。コチュスンデや（今は亡き）高麗人参スンデなどもここで誕生

병천 황토방 순대

天安市竝川面店

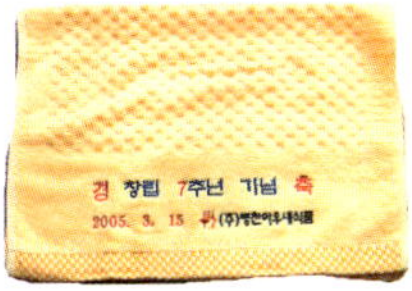
경 창립 7주년 기념 축
2005. 3. 13.

スンデを彷彿させる黄色がイケてる（笑）、創立7周年記念タオル♡

取材を受けたワケ

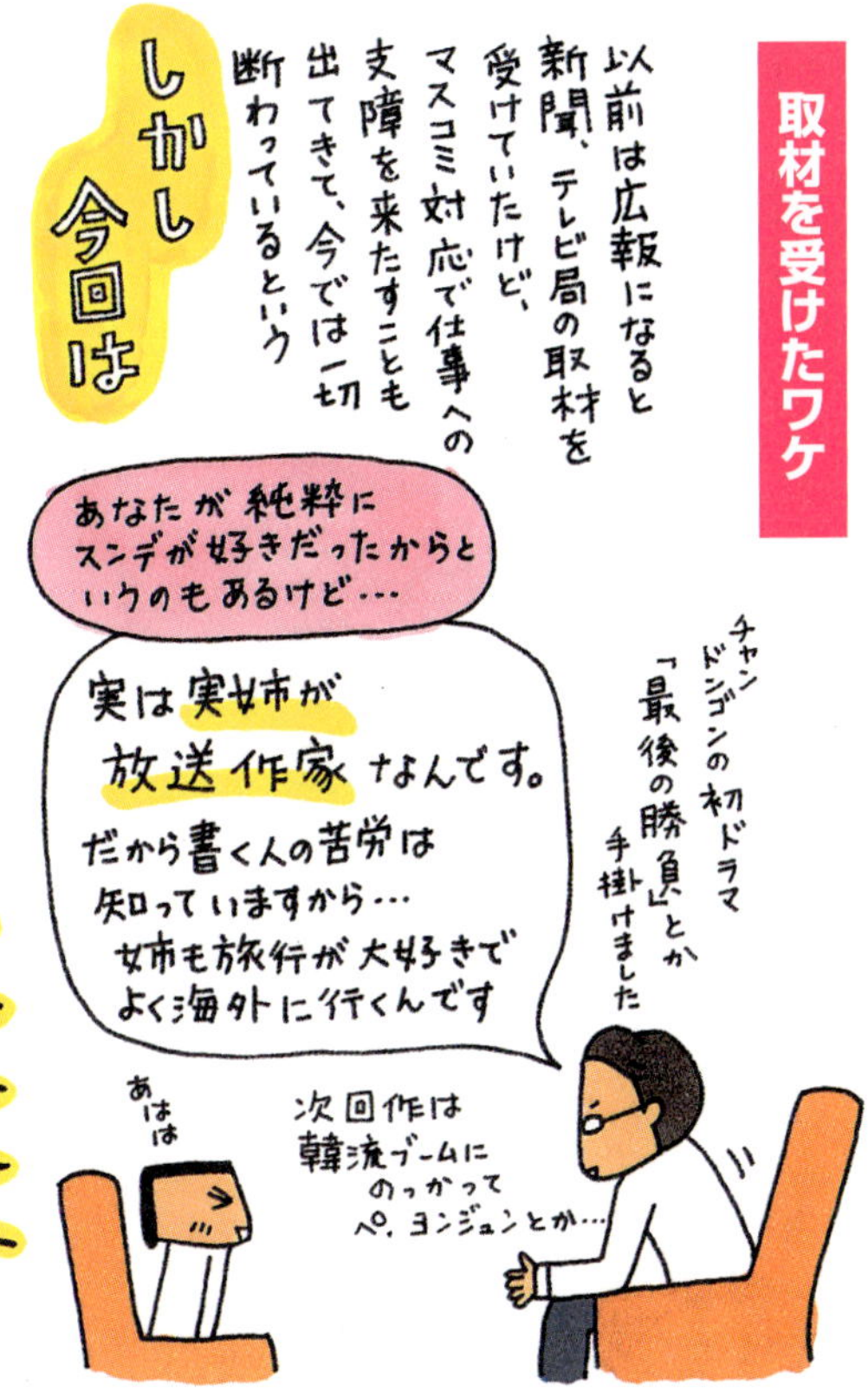
以前は広報になると新聞、テレビ局の取材を受けていたけど、マスコミ対応で仕事への支障を来たすことも出てきて、今では一切断わっているという
しかし今回は
あなたが純粋にスンデが好きだったからというのもあるけど…
チャンドンゴンの初ドラマ「最後の勝負」とか手掛けました
実は実姉が放送作家なんです。
だから書く人の苦労は知っていますから…姉も旅行が大好きでよく海外に行くんです
次回作は韓流ブームにのっかってペ・ヨンジュンとか…
あはは

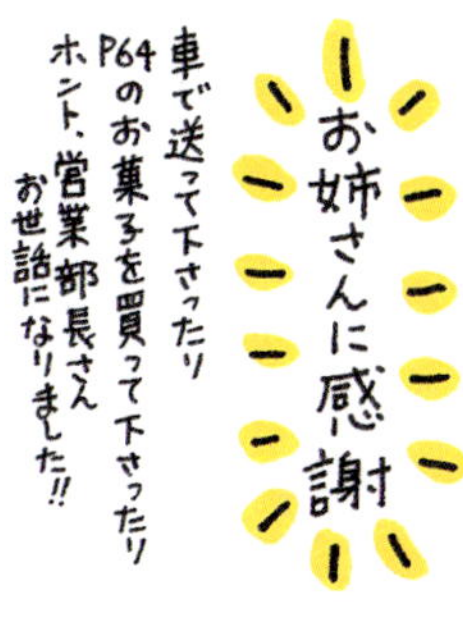
お姉さんに感謝
車で送って下さったりP64のお菓子を買って下さったりホント、営業部長さんお世話になりました!!

さらに追い討ちをかけるように日本で『中国のゴミ餃子』があったように、韓国では『ゴミスンデ』が問題に…。

見学したピョンチョン ファントバン スンデの工場は、グロさも豚の臭いも全くなかった。むしろ我が家でスンデを（間違った方法で）茹でたときのほうが、異臭が充満してた（笑）。手作業が中心で行われる工場の行程は、ほのぼのとした印象が残った。

この本が出る頃には、ロス《ロサンゼルス》に工場が出来るとか。また今回の取材がキッカケで、一度は断念した日本への輸出も再検討してみると、社長がおっしゃってくれた。是非とも日本でもこのスンデを味わわせてください！

神経質は韓国では生きていけない!?

近くて遠い、日本と韓国。気になりだしたら止まらない…ので、深く考えないほうがいいです（笑）

鍋

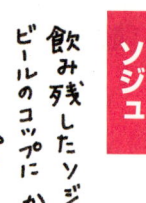

ひとつの器の汁をみんなで仲良く
すくっ
すくっ
直《じか》スプーン
すくっ
ん?
これって器の中で唾液と唾液が…ま、いっか
串刺しのタレ2度づけでキーキーいっている人は卒倒するかも（笑）

ソジュ

飲み残したソジュをビールのコップにかき集め
オーケーオーケー
イエーーイ!
まわし飲みではなく
共有飲み
片してたんじゃなかったのか
ホレ!
ぐびっ
ソジュ、ビール、唾液…もはやソジュとはいわない液体

手を洗わない

韓国について書かれた本で『韓国人は女性でさえもトイレのあと、手を洗わない』と何度か読んだことがあった。

それなら是非とも確かめなくっちゃ〜♪と思って韓国に入ったのに、すっかり忘れてた。気にならないいんだから、みんな、手を洗ってんじゃないの？

ところが『基準は日本』のチカコちゃんが渡韓。開口一番、「韓国人って本当に手を洗わない人が多いわね、不潔〜」

そっかー、やっぱ手を洗わない人、多いのか〜（笑）。

開けてはいけないパンドラの箱。一度気にし出したら、も〜止まらない。この国では何事もケンチャナヨ精神が大事です。

※こういうヤツがいるから、韓国では『逆箸＝キレイ』という概念はない

一般人の反応

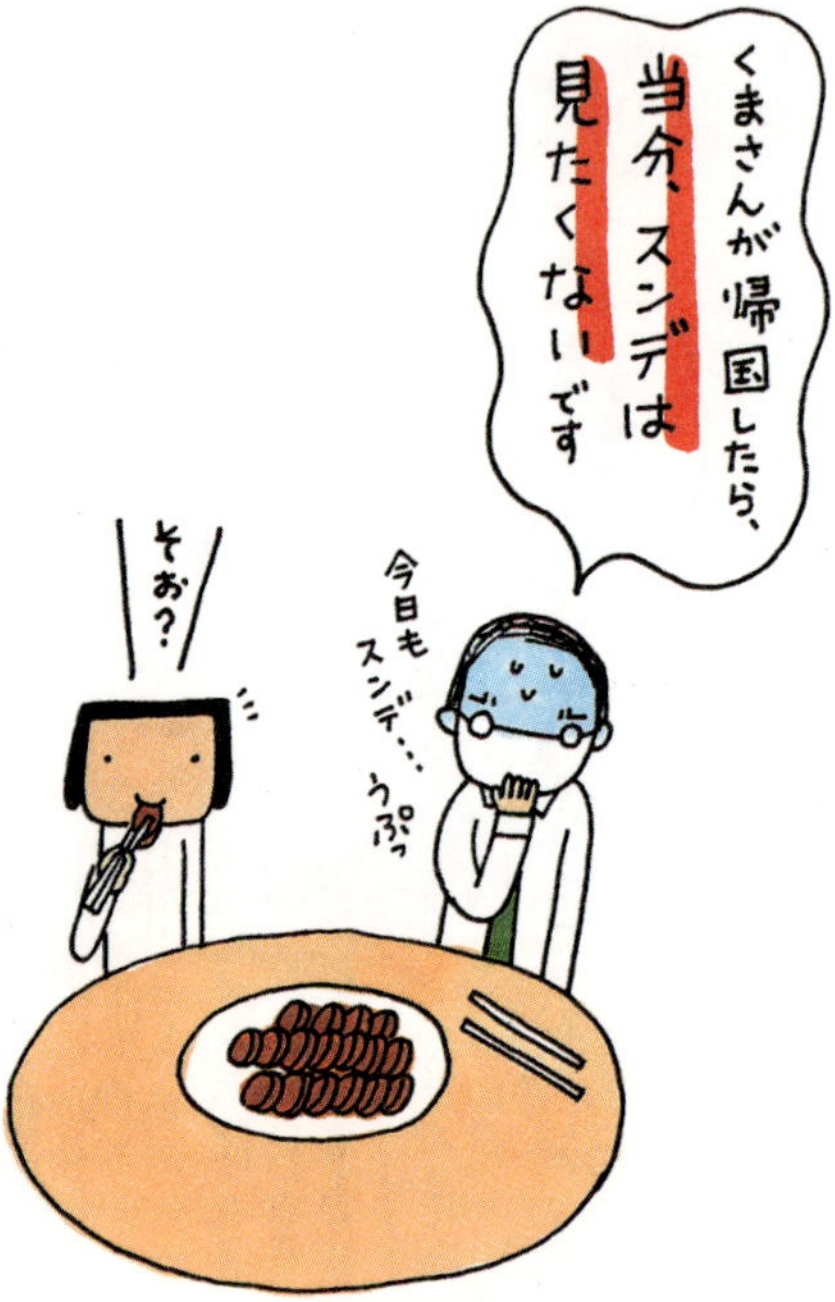
くまさんが帰国したら、当分、スンデは見たくないです
今日もスンデ…うぷっ
そお？

Part 3

こりゃ～ほしい～コリアモノ

韓国で売っていそうで
売っていないもの

レジャーシートバッグ

乙女の世界でショッピング

買物せずにして女の旅行は終わらず。
チープでラブリ～なお土産を、友だち、職場、私のために探しに行くど～！

※店名は緑色の文字で表示

衣類

乙女かスポーティーか…
選択肢が異様に狭い

●トップス

ミリオレ明洞店→P93
1ロゴマークがPOLO JEANS.っぽい（笑）タンクトップ　2シンプルなノースリーブは2枚で9000W

ミリオレ東大門店→P91
3肩部分のバルーンと大きく開いた胸元がカワイイ、ボリボリカットソー（泣）。だって、どうしても緑が欲しかったんだもん

ドゥータ→P88
1フード部分のフェイクファーが気持ちいいポンチョ　2レトロチック乙女なピンクのコート。裏地がついていないけど、47000Wだから、まぁいいか

●スカート

光熙市場《クァンヒシジャン》→P87　2F.191-192
一宇社　羊皮のAラインスカート。シンプルなデザインだから色々なシーンで活躍しそう！

1

2

ドゥータ　1B1.507-508 J.moon →P89 大人の可愛いスカート。柄の刺繍が高級感と上品さを演出　2蝶キャミ。現品限りで25000W

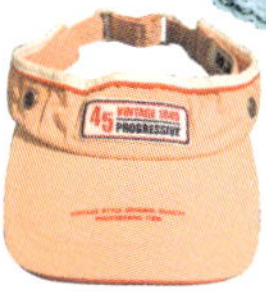

キング・オブ・チープ明洞衣料→P93で、5200W

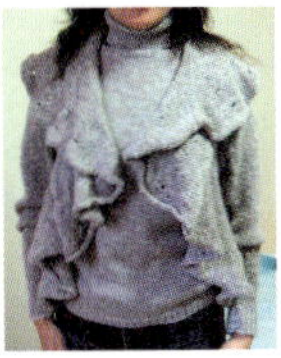

鍾路地下商街　ニット・アンサンブル

くまくまオススメ！

パチ・ヴィドンと侮るなかれ、ブーツの中で遊ばない優秀靴下なのだ！

キング・オブ・チープ明洞衣料で、9100W。made in Thailand

フワフワフェチにはたまらない肌触り◎の靴下。ただし、ユルユルなので室内履きがよろしいかと…

ART BOX　キッチュな雑貨と文具が揃うショップ。キッチュなルームシューズは、タオル地でフンニャフニャ〜。3500W

MISSYA　植物の力を100%活かした天然成分コスメ。『全商品10000W以下で高品質』のコンセプトが消費者にウケて、今や道を歩けばミーシャにあたる！というくらい、どこにでもあるコスメショップ　1スイカ、チェリー、オレンジ…色も味も豊富なチューブグロス　2チーク　3シートマスク　4手鏡

コスメ

天然成分を生かした
基礎化粧品が充実！

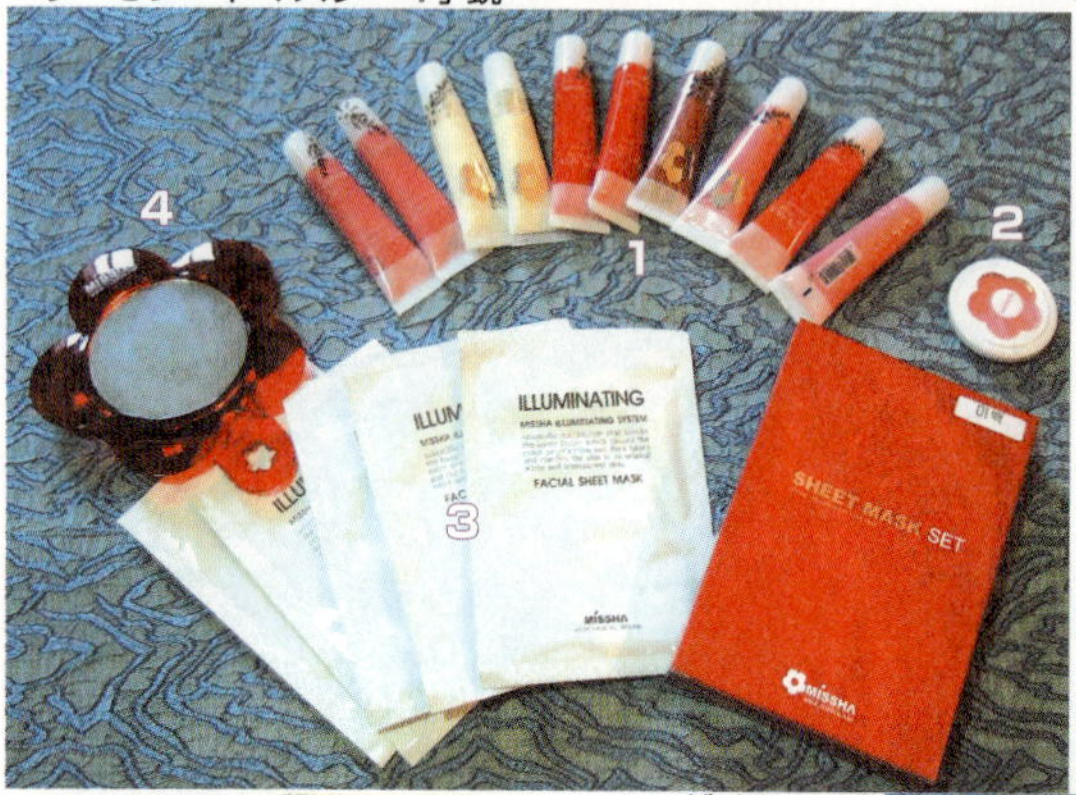

人気の死海シリーズのボディスクラブ

太さ調節可能な優れたペンシル削り500W

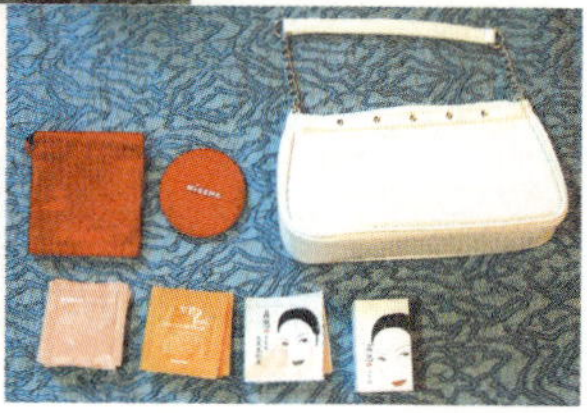

オマケ。韓国のコスメショップは買えば買うほど、オマケの質と量がアップしていく（笑）

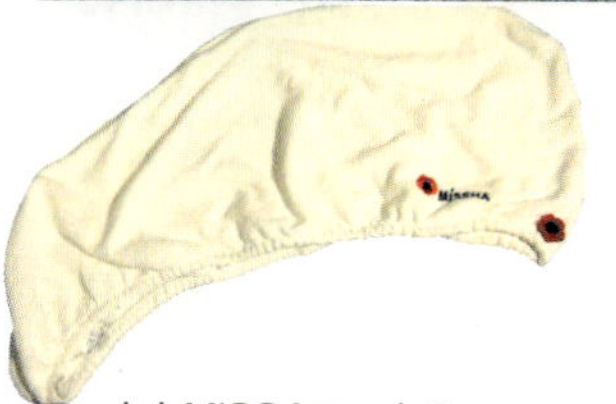

フックとMISSAマークのボタンがキュートなヘアータオル。チムシルバンやスーパー温泉で活躍♪

安い垢すりは、それなりの垢しか出ない（笑）

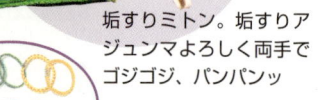

垢すりミトン。垢すりアジュンマよろしく両手でゴジゴジ、パンパンッ

10個1000Wの底値ヘアーゴム→P48

Swiss Pure COSMETIC.NET
MISSA姉妹店。『有機農』がウリのコスメショップ。1ボディスクラブ　2シートマスク　3オマケで貰ったアイマスク

小物

お手頃価格で
素敵なお土産

3

1

2
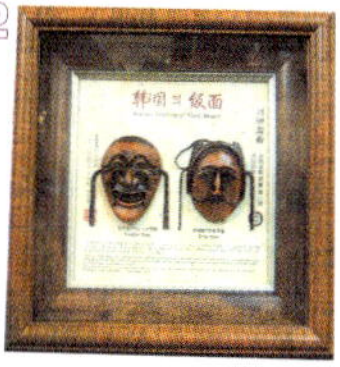

●伝統グッズ

1ストラップ　2河回仮面《ハフェガミョン》。河回村《ハフェマウル》の両班《ヤンバン》の英語解説付。リュ・シウォン→P116、歴史が好きな人に最適　3リカちゃん人形用、韓服

●韓流グッズ

イランプ、ヨランプ、なトランプ

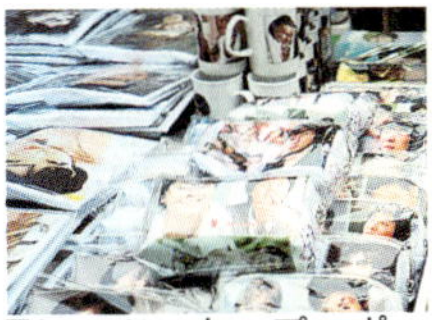
Tシャツ、カップ、ポーチ…何でもいいのかよ。著作権無法地帯

ヨン様あっての今のブーム

ファンには、こんな昔の写真も嬉しかったりするのよね～、サンウ～（笑）

韓流スター非公式（笑）カレンダーは、半年以上前から翌年度版が屋台に並ぶ。右のリュ・シウォン、10000W。値段からすると…以下自粛

でました、非公式（笑）韓流スター靴下！ 前ページのパチ靴下同様、モノはいいです、モノは1000Wで、あなたの足下にイ・ビョンホン（笑）

シートマスクに紛れてリュ・シウォン。どさくさ商売

食品

帰国する際の食品用カバンは
絶対必須！

●レトルト

1

2

チャジャンパッブ
1油っぽい1000W
2油っぽくない500W

くまくまイチ押し！

玉ねぎの柔らかさがとソースがサイコ〜

チャジャンミョン。Home plusの店員が「高いけど、絶対ナンバーワン！」と強くススメただけあって、確かにウマイ！

コムタン。ちょっと私には油っぽい

チズトッポキ。ソースの上にスライスチーズが1枚、トッポキ自体にもチーズがイン、お店で出すモノよりチーズの存在感大！

キムチの王様、ポッサムキムチ。白菜を剥くと、生カキ・生タコ・リンゴ・ナツメ・各種木の実・生ホタテなどの山海珍味がぎっしり

●お惣菜

コンビニの惣菜。食べきりサイズが充実

スーパーでも日本へ持ち帰るといえば、このよ〜にグルグルグル。破裂しません

ケンニップ。エゴマの葉には、ビタミンEとビタミンF、α-リノレン酸がたっぷり♡

ドェンジャン。高血圧にはヤバいしょっぱさで、ゴハンが進む進む
1ビーフ　2魚介　3スタンダード

●スーパーマーケット

食材が豊富な農協ハナロマート

サムソン・テスコ・ホームプラス、通称ホームプラス

ナツメ茶。スライスしたナツメと松の実が入った粉末スティックタイプ。甘くてウマ〜

「菊茶と思って買ったら、カモミールティだった（怒）」と、ヨンジュに訴えたら「菊茶はスーパーでは売ってないです」。そっか…

で、これがロッテデパートで入手した菊茶。少し苦味があって、冷温どちらで飲んでも◎

トゥングレ茶。トゥングレと呼ばれる主に山で取れる茶の種類。ハト麦茶に似た香ばしさ

♪ワッフル食べ比べ対決♪

南部せんべいのような固さとバターが効いた韓国ワッフルにマシッダ〜ハマッタ〜

1位

ロッテ。3つの中で一番、ミルクとバターの風味が効いている

2位

クラウン。程よい厚みと甘味が◎

3位

ワイズレックト。クセのない味

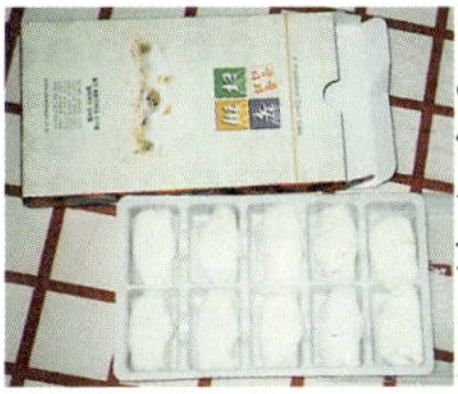

クルタレ。松の実、くるみなどをマユにくるんだ伝統飴菓子。口の中でス〜ッと溶ける。凍らせて食べてもウマいらしいけど、ベタベタするだけのような気も…→P94

●茶

オマケの生姜茶

ユルム茶。米、ハト麦、大豆の粉末に落花生、松の実、くるみ、アーモンドを加えたクリ〜ミ〜なお茶。もうちょっとハトムギの風味があるほうが、私は好き

●韓国海苔

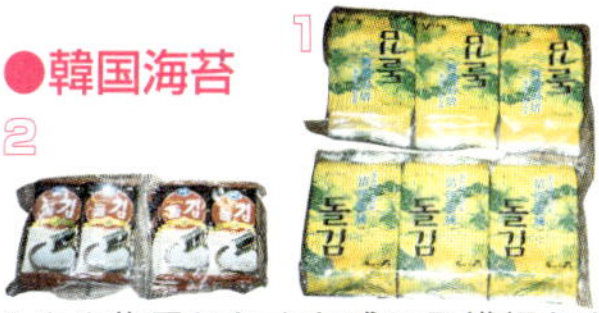

1 やや物足りなさを感じる繊細なお味、高い海苔　2塩とゴマ油が効いた食べ慣れた味、安い海苔（笑）

●お菓子

ヤックァ。コンビニで500W。甘くて歯にくっつく菓子。実は一番のお気に入り♡

韓国版ハイチューは500W

1

2

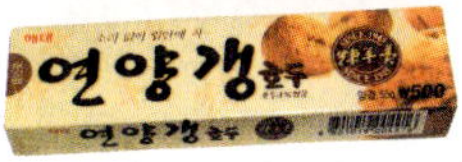

1コクがあってウマウマなビターチョコ　2500Wのチョコ、安い！と思って買ったら、栗羊羹！ やられた〜！

お買物map

南大門市場《ナンデムンシジャン》

日本語炸裂、日韓アジョシ&アジュンマのパワー炸裂!

①グッドモーニングメガネで眼鏡を作る
近視と乱視のレンズ+フレームで65000W
何回もいってると安くなっていきますから
ヨギヨー 安くしてー 安くしてー
アジュンマセンスでファッションビル全滅!
グッドモーニングメガネ ①
Good&Good ②
サムイクフェッションビルディング ③
MESA TOWN
F棟
G棟
トイレットペーパーに注意せよ!(笑) P23
出口⑥
出口⑦
出口②
出口①
地下鉄4号線・会賢駅

ボリボリ垢スリ屋台　垢スリを買うなら→P95
1軒目
2コで4000ウォン
スリスリパンパン
親指付き!
……
2軒目
2000ウォン
2コで1500ウォン
1500ウォン
2コで2000ウォン
チッ
2コ2000ウォンで1コオマケやっ

②服の叩き売り

③ダダダダダー。夕方から出店する屋台が、続々と猛スピードで坂を駆け降りてくる。どかないとひかれます（笑）

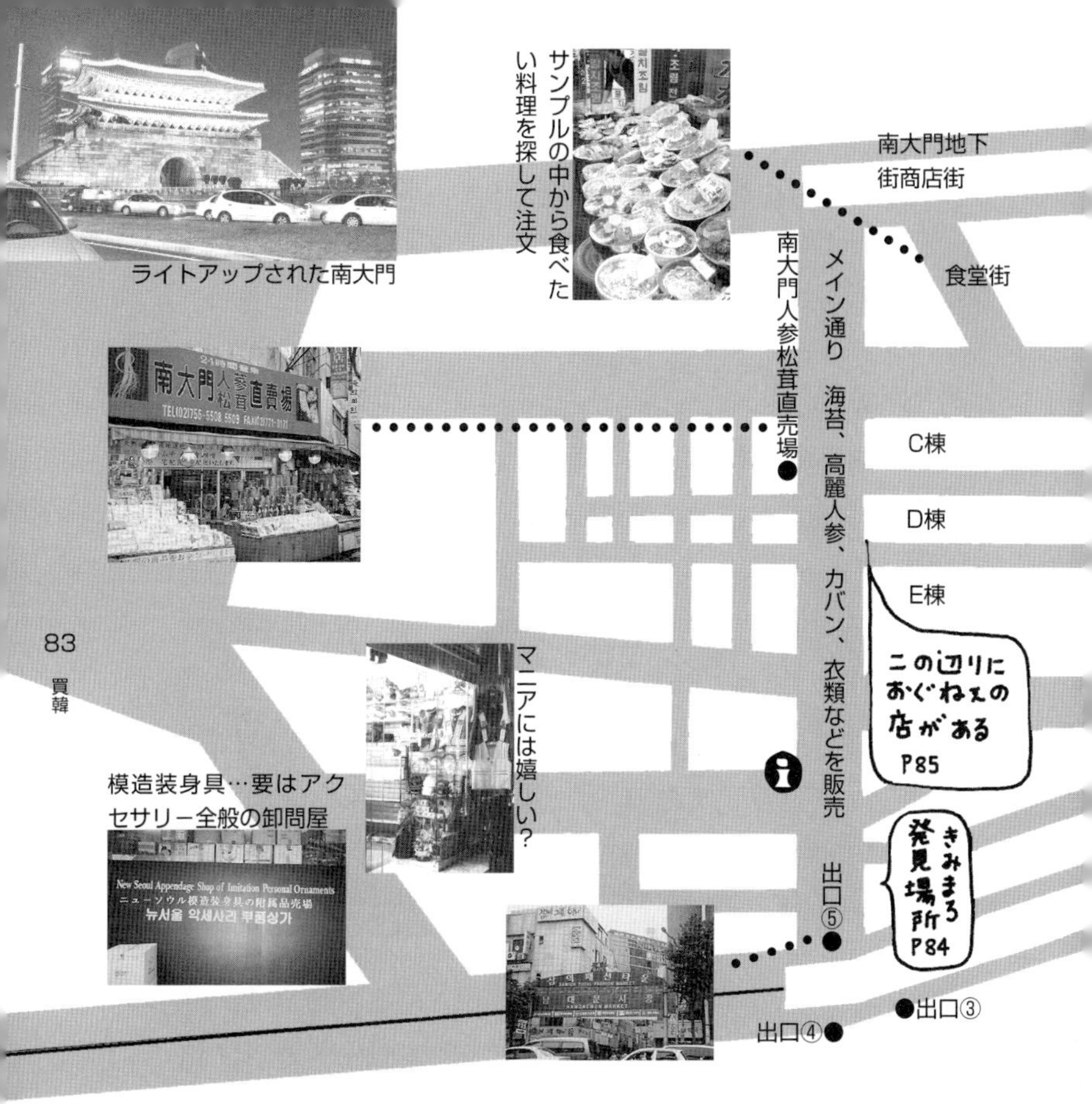
ライトアップされた南大門
サンプルの中から食べたい料理を探して注文
南大門地下街商店街
食堂街
南大門人参松茸直売場
メイン通り　海苔、高麗人参、カバン、衣類などを販売
C棟
D棟
E棟
この辺りにおぐねぇの店がある P85
きみまろ発見場所 P84
マニアには嬉しい?
模造装身具…要はアクセサリー全般の卸問屋
New Seoul Appendage Shop of Imitation Personal Ornaments
ニューソウル模造装身具の附属品売場
뉴서울 악세사리 부품상가
出口⑤
出口③
出口④

違う意味でリトル東京

ツアーに組み込まれているだけあって、日本人だらけ。

アルムダウン医院で施術↓P154した翌日に行ってみた私。周りの日本人は商売人に囲まれて歩きにくそうなのに、私の周りはス〜カスカ。実に歩きやすい。

店に入ってやっと『ニーハオ』『ハロー』の挨拶が飛んできた。笑顔も愛想もない仏頂面、釣り上がった目…そう、私は中国人、台湾人に思われていた（笑）。

数カ月後、今度は日本人顔で出向いた。そうしたら一転、腕を掴んで、何メートルも横について冗談も交えたセールストークを展開。こりゃ〜ウザイ。

日本人以外の顔で、行くことをおススメします（笑）。

南大門の綾小路きみまろ

活気づく夕方に現れた
女装アジョシ
そこの太ったお嬢さん、
このパンツ、見てってよ！
一見するとフツーのパンツ、
でも ホ～ラ、
ビヨーン
巻きタオル
ワンピース
パット乳
どーせ
ゴムパンツ以外
はけないんだから
さっさと買った！
ガハハハ
じゃー買ってくわ
大ウケ、バカ売れ！
韓国のアジュンマも
日本のおばちゃんも
ツボは同じか
ビョーン

悪ノリおじさん

この海苔は安い海苔
タダ当然だから
おみやげ用に大量に買う！
この海苔はいい海苔
これは自分用に
少し買う！
日本語ペラペラ
笑いのツボも押さえたトーク
日本人客の心をわしづかみ！
おおっ！

南大門のおぐねぇ

スジョンガを探しているといったら
スジョンガは、各お店で作るから手に入れるのは困難です
ゆず茶は どうですか?
うちのゆず茶は、砂糖ではなく、はちみつを使っているので値段は高いですが
一番、美味です!
1コなら4000₩、2コ買うなら500₩マケますよ
顔が おぐねぇ似の日本語ペラペラお兄さん
この人、ホントに日本人かなァ?
ムスッ
ふーーん じゃ 1コくれ

※おぐねぇとは、おねぇ言葉で喋るヘアーメイクアーティストの小椋さんのこと。知ってる!?

マズかったら文句いおうと、写真を撮ることに
お店の看板も入れてよー
つーか、人の話聞いてるかーっ?
ムスッ
うわー ボクの腕より細い足ー!!
あんたがデブなんだよ
つーか、オイ、やっぱり人の話聞いてなかったな
店名、わかんないじゃん

満面の笑み（…のつもり）で、おぐねぇと。ゆず茶は果肉たっぷりで、ホントにウマウマだった。また買うよ（笑）

なぜか帰りは拍手で見送られる
商店街の人たち
パチパチ
パチパチ
パチパチ
パチパチ
ヒューヒュー
……

お買物map

東大門市場《トンデムンシジャン》

日本でも着れる安めの洋服を買うなら、やっぱりここ！

→N
卸売りエリアでナイトショッピング
アクセサリーパーツ、布地、レースなどが充実 ハンドメイドする人に◎
東大門総合市場
清渓川
平和市場
地下鉄4号線・東大門
新平和市場
清渓川
南平和市場
オールナイトで問屋街エリアを徘徊する日本人観光客は見なかったけど日本人バイヤーは、いっぱい！
アートプラザ
東平和市場
②センスが光るヘヤンエリウム
B1F
バイヤー向けオーダーメード
全然センスが違う！
見本↓
1F
個人客もOK
トイレで試着
\カワイイ/
着て行く場所あるのっ？
ラビットファー ボレロ 30000₩
3F
ミッキーマウス スパンコールTシャツ
コレ、日本で買ったら高いよ！なんなら、うちの息子もつけようか！カッコイイよー！
ども
日本人バイヤーも多く来ているので、日本語ペラペラとっても友好的！

夜中だって配達しまっせ！

東大門

バイヤーの皆さん、今夜もお疲れ様でした〜

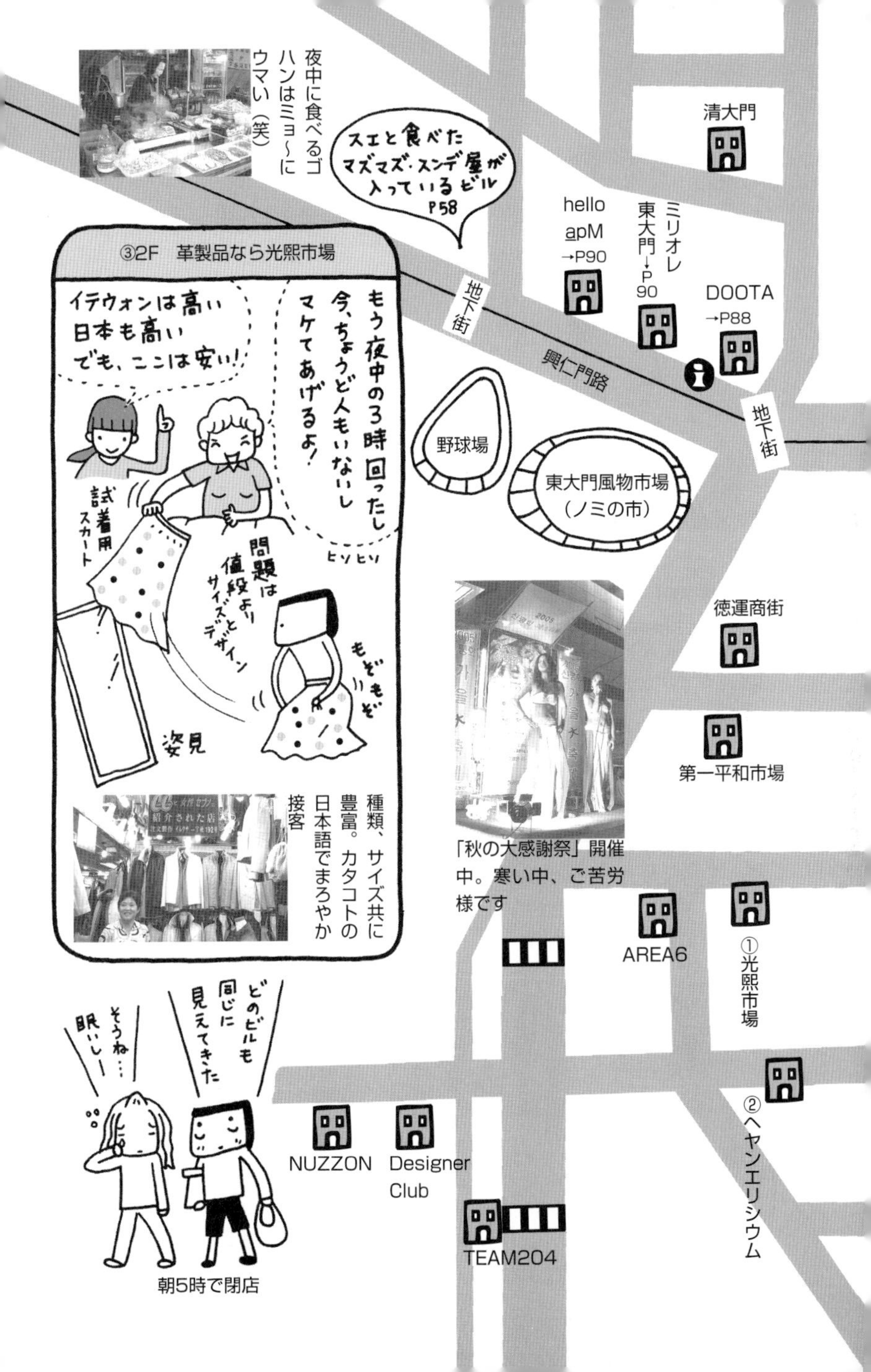

夜中に食べるゴハンはミョ〜にウマい（笑）
スエと食べたマズマズ・スンデ屋が入っているビル P58
清大門
hello apM →P90
ミリオレ東大門→P90
DOOTA →P88
地下街
興仁門路
地下街
野球場
東大門風物市場（ノミの市）
③2F　革製品なら光熙市場
イテウォンは高い 日本も高い でも、ここは安い！
もう夜中の3時回ったし 今、ちょうど人もいないし マケてあげるよ！
ヒソヒソ
試着用スカート
問題は値段よりサイズとデザイン
もぞもぞ
姿見
種類、サイズ共に豊富。カタコトの日本語でまろやか接客
「秋の大感謝祭」開催中。寒い中、ご苦労様です
徳運商街
第一平和市場
AREA6
①光熙市場
どのビルも同じに見えてきた
そうね…眠いしー
NUZZON
Designer Club
TEAM204
②ヘヤンエリシウム
朝5時で閉店

ファッションビルで賢く洋服を買う方法

いくつもの大型ファッションビルが立ち並ぶ東大門市場
どこで買っても一緒でしょ、って？　ブブー、ハズレ。ボラれます
そこでボラれずに買う、徘徊ルートを紹介♪

徘徊ルート①
ドゥータ（斗山タワー）
センスを磨く

doota!
WWW.DOOTA.COM

洋服、ディスプレイのセンスが光る。価格表示がしてある店がほとんどなので、ボラれる心配も出来ないが、ネギることも出来ないが、…実はある！（笑）。同じ商品でも、店によって値段が違うことがあるので、ウロついて調査してから買うべし。付加価値税（VAT）還付が可能なのも旅行者には、嬉しい。その甲斐あってか、日中は白人や中国人のバッチを付けたツアー客の姿を多くみかける。

●韓国人からのボラレ防止対策

スエとのショッピング
交渉は私がやるから くまは黙ってんのよ 英語もダメ！
木
あんたー☆ 発音がヘンな韓国語も ダメに決まってんじゃないッ
そういえばリンちゃんも
日本人の友だちが遊びに来たとき教える韓国語は
ピサヨ（高い！）
カッカジュセヨ（安くして下さい）
くまさんも覚えてね！
これ以外の言葉は必要ないです

AIDA SUI

天下のドゥーダでも、たまにはこんな店も…。まぁ、ご愛嬌ということで（笑）

B1.507-508 J.moon

新鋭デザイナーのオリジナル商品が並ぶこのエリアは、他のエリアと比べると価格は高め。J．moonは英語接客だから、英語が出来れば細かいリクエストも可能。あつらえたかのような一着をゲットしてみてはいかが？

お直しは（店側でもつので）タダでします
試着のときこの靴、使って！
あ、靴下脱いでね
VATも受けられてお直し代もタダ、あなたはラッキーガールね
お直し時間は30分、カード払いもOK!

いろんなお客さん

ねぇ、これ着たらハデじゃない？
日本のおばさん
そう？
韓国人の客は若者だけなのに外国人の客はおばさんも多い
白人のおばさん
もっと大きいサイズある？
若者向きの服はサイズが小さいそういえばヨンジュも…
日本の服は腕の部分がブカブカ
渋谷ギャル
キラキラ
ラメラメ
チラチラ
スゲー渋谷のまんま来てる！

徘徊ルート②
hello apM
価格を頭にインプット

画像準備中
…というのはウソ。考えてみたら、ここで買ったことがなかった（笑）

とにかく安い。３つのビルの中で一番チ〜プ臭が漂う。特にドゥータの次にここへ来ると、ガクーッと見劣りする。しかーし、価格表示した店が多いので、ボラれないためにもここで韓国価格をしっかり把握すべし。

ぺらぺら
(韓国語)
Sorry I don't...
わはは！
わかんないってさー
向かいの店

徘徊ルート③
ミリオレ東大門
買物ハンターデビュー

Migliore

私が最も好きな、韓国の若い女子に人気が高いファッションビル。普段は明洞店を利用。色の展開が豊富で、ディスプレイが見やすい。唯一の欠点は、ほとんどの店舗が価格表示をしていないこと（泣）。いくら値切ったつもりでいても、１枚も２枚も上手《うわて》な店員に、日本人が勝てるわけがナイ。ボラれる可能性は、他のビルより高いはず。

センスも磨いた、底値も把握した。よ〜し完璧（だよね？）。買物ハンター、いざ、出陣！

●交渉１

本日の顔は例により…中国人
あれ見せて
ムスッ
ムスッ
パチやな
10000₩
あなた日本人に見えない
２枚買うから安くして！
そういう自分も色黒、茶パツで韓国人っぽくない人
他より安いブランドだからこれ以上はマケられない十分、安いでしょ
なるほど…で、納得

●交渉2

48000₩!
40000₩ なら買う
40000₩
じゃー特別に 45000₩!
40000₩
55000₩から 考えたら相当安いわよ!
…やめる
怒
やべー 試着したら 欲しくなってきた
勝手にディスカウント
55000₩ → 50000₩ でどう?
カワイイ! あなたに似合ってる
みんなこの日本語だけは、知っている
人のシルエットがプリントされたスエードのスカート
あとで調べたら相場は49000₩だった

●交渉3

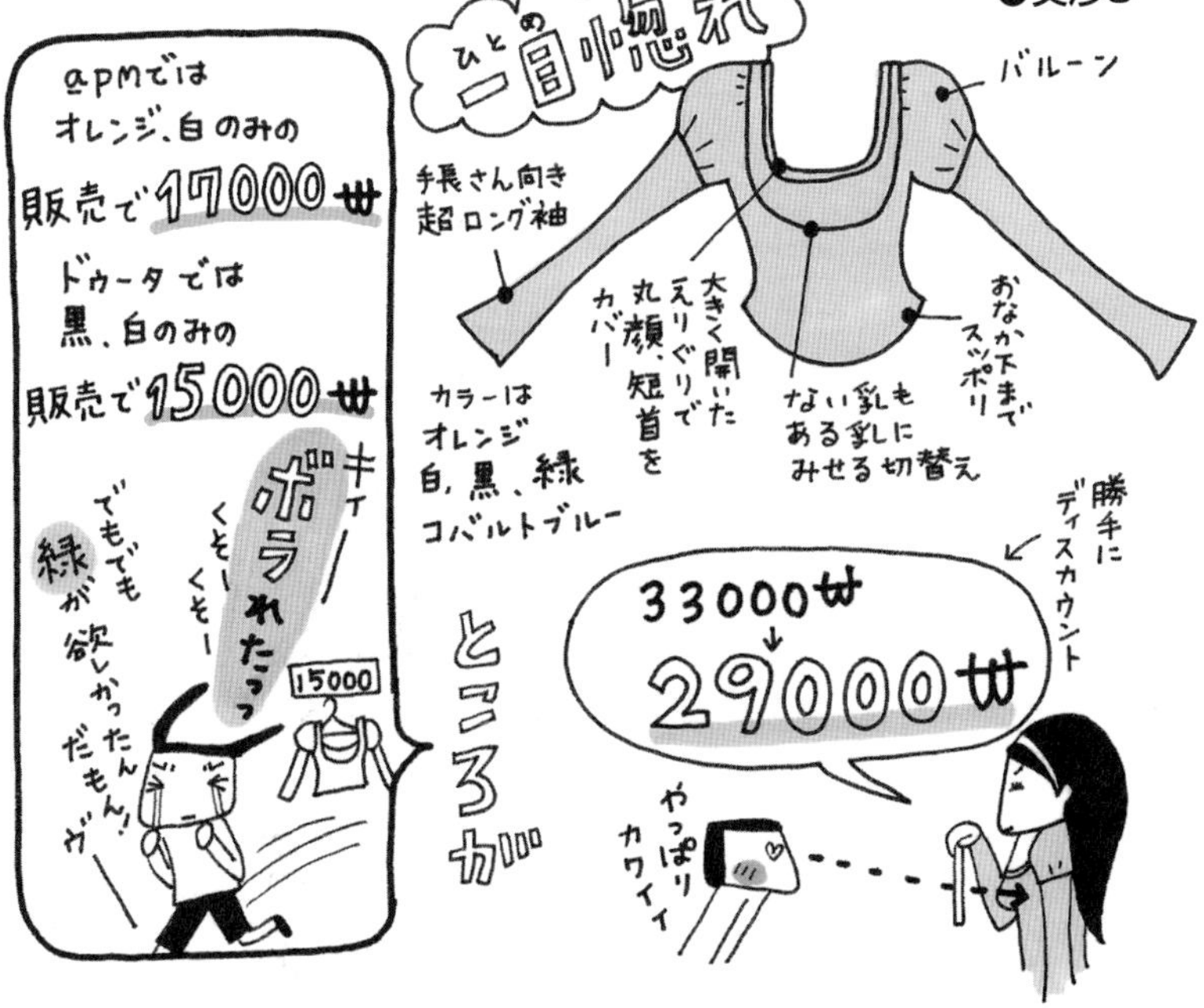

一目《ひとめ》惚れ
バルーン
手長さん向き超ロング袖
大きく開いたえりぐりで丸顔、短首をカバー
おなか下までスッポリ
ない乳もある乳にみせる切替え
カラーはオレンジ 白、黒、緑 コバルトブルー
apmではオレンジ、白のみの販売で17000₩
ドゥータでは黒、白のみの販売で15000₩
でもでも緑が欲しかったんだもん!
ヴ
キィー
ボラれたっっ
くそーくそー
15000
ところが
勝手にディスカウント
33000₩ → 29000₩
やっぱりカワイイ

お買物map

明洞《ミョンドン》

日本人といえば、明洞！ 狭いエリアで何でも揃う

①楽しい明洞地下商店街
メガネ屋。日本語のPOPに日本円の表示価格…って、他の国の人には売らんのかいっ
10分 完成
めがね + レンズまで ¥3,000
度数サングラスも O.K
エプト service 割引!
あら、3000₩!?
¥3000
と思ったら、全て円表示だった
『10000Wで幸せ』ショップ（笑）
10,000원에 행복
(3호점)
せんえん
②4F 悪徳商売と悪アジュンマ
ステージ衣裳を扱うショップでそこの衣裳を着て1枚写真を撮るだけで1000円！
1枚 1000円
東急ハンズで扱ってそうなアイテム
ボッ
鼻付きメガネ
ラメのベスト
アフロ
しかもカメラはポラロイド
ジロジロ見てんじゃないよ写真は1000円だよ
隣の店のアジュンマ
3ケ月もしないうちに店もアジュンマも消えていた
ザマーミロ！
イケメンクルタレ P94
ABC MART
明洞餃子
食べ物通り
明洞餃子
本店のほうが美味です
ソンウォン・オススメ
出口⑨
出口⑩
出口⑧
地下鉄4号線・明洞駅
出口①
出口②

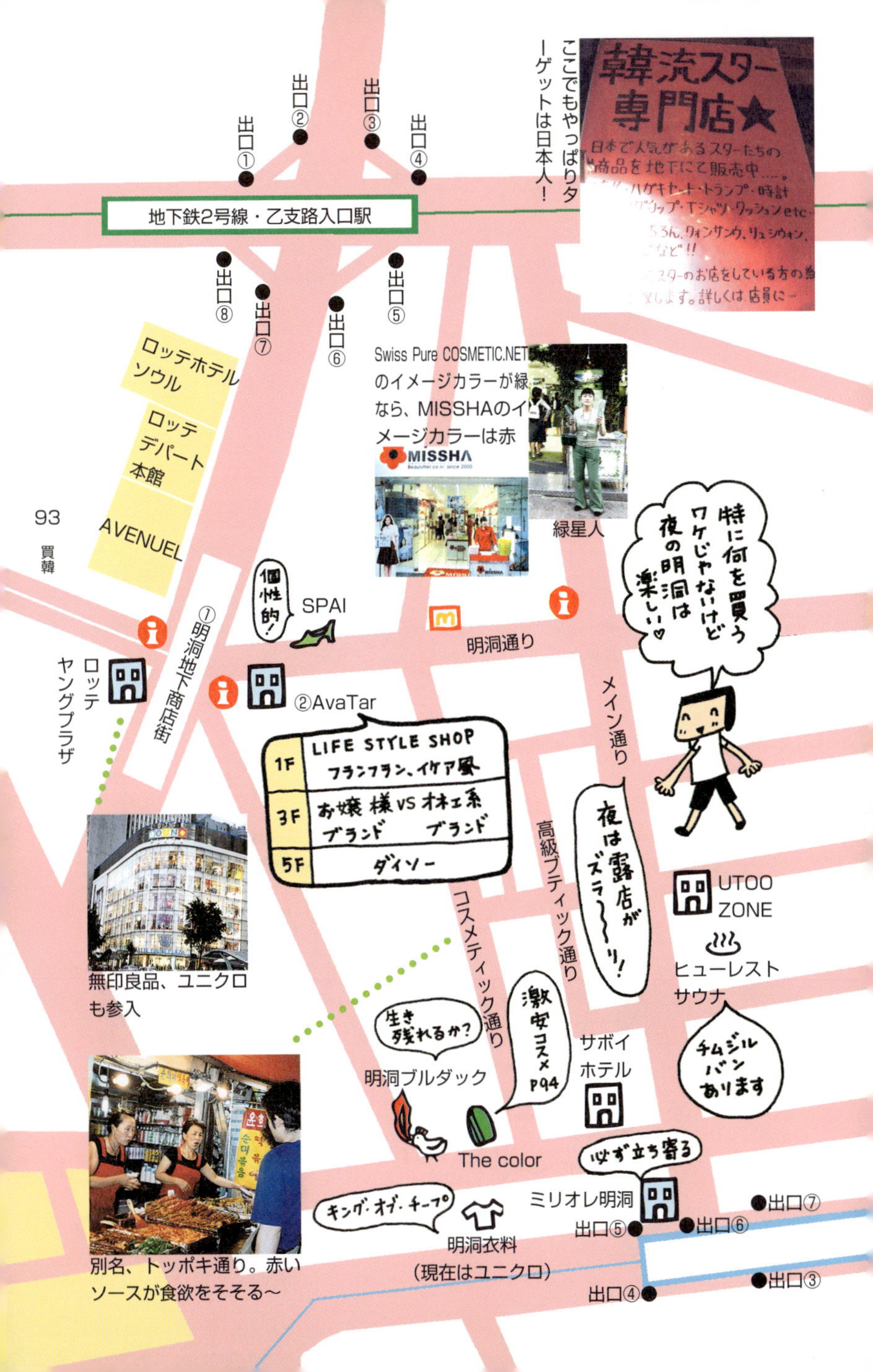
出口②
出口③
出口①
出口④
地下鉄2号線・乙支路入口駅
出口⑧
出口⑦
出口⑥
出口⑤
ここでもやっぱりターゲットは日本人！
韓流スター専門店★
日本で人気があるスターたちの
商品を地下にて販売中….。
ロッテホテルソウル
ロッテデパート本館
AVENUEL
Swiss Pure COSMETIC.NETのイメージカラーが緑なら、MISSHAのイメージカラーは赤
MISSHA
緑星人
特に何を買うワケじゃないけど夜の明洞は楽しい♡
個性的！
SPAI
明洞通り
①明洞地下商店街
ロッテヤングプラザ
②AvaTar
1F LIFE STYLE SHOP フランフラン、イケア風
3F お嬢様VSオネエ系ブランド ブランド
5F ダイソー
メイン通り
高級ブティック通り
夜は露店がズラ～～リ！
UTOO ZONE
ヒューレストサウナ
チムジルバンあります
無印良品、ユニクロも参入
コスメティック通り
激安コスメ P94
生き残れるか？
明洞ブルダック
サボイホテル
The color
必ず立ち寄る
ミリオレ明洞
キング・オブ・チープ
明洞衣料
（現在はユニクロ）
出口⑤
出口⑥
出口⑦
出口③
出口④
別名、トッポキ通り。赤いソースが食欲をそそる～

クルタレ イケメンVSお笑い

クルタレの実演販売は、仁寺洞→P48のほかに、明洞にもある。あなたなら、どちらで買う？

●明洞イケメン店

2、4、8…
…32、64…
16384本の糸になりました
パラパラパラ…
スゲー
カッコイイ

●仁寺洞お笑いコンビ店

これは韓国の王様が食べた伝統の食べ物
ヨン様が食べた食べ物じゃないよ!
すごく美味しい!!
すごく面白い!
食べるともっと、面白い!
この人の顔も面白い顔
え!? それは余計?
こりゃ失敬!
パラパラパラ…
くるくる
オオー
ウマい!
わはは

クレタレの解説は同じ
2、4、8…
…32、64…
16384本の糸になりました

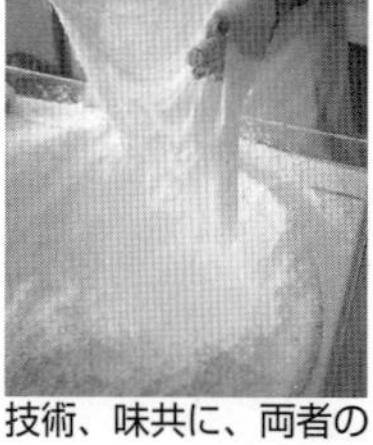

技術、味共に、両者の違いはありません(笑)

アカスリはどこで買ったら安いのか？

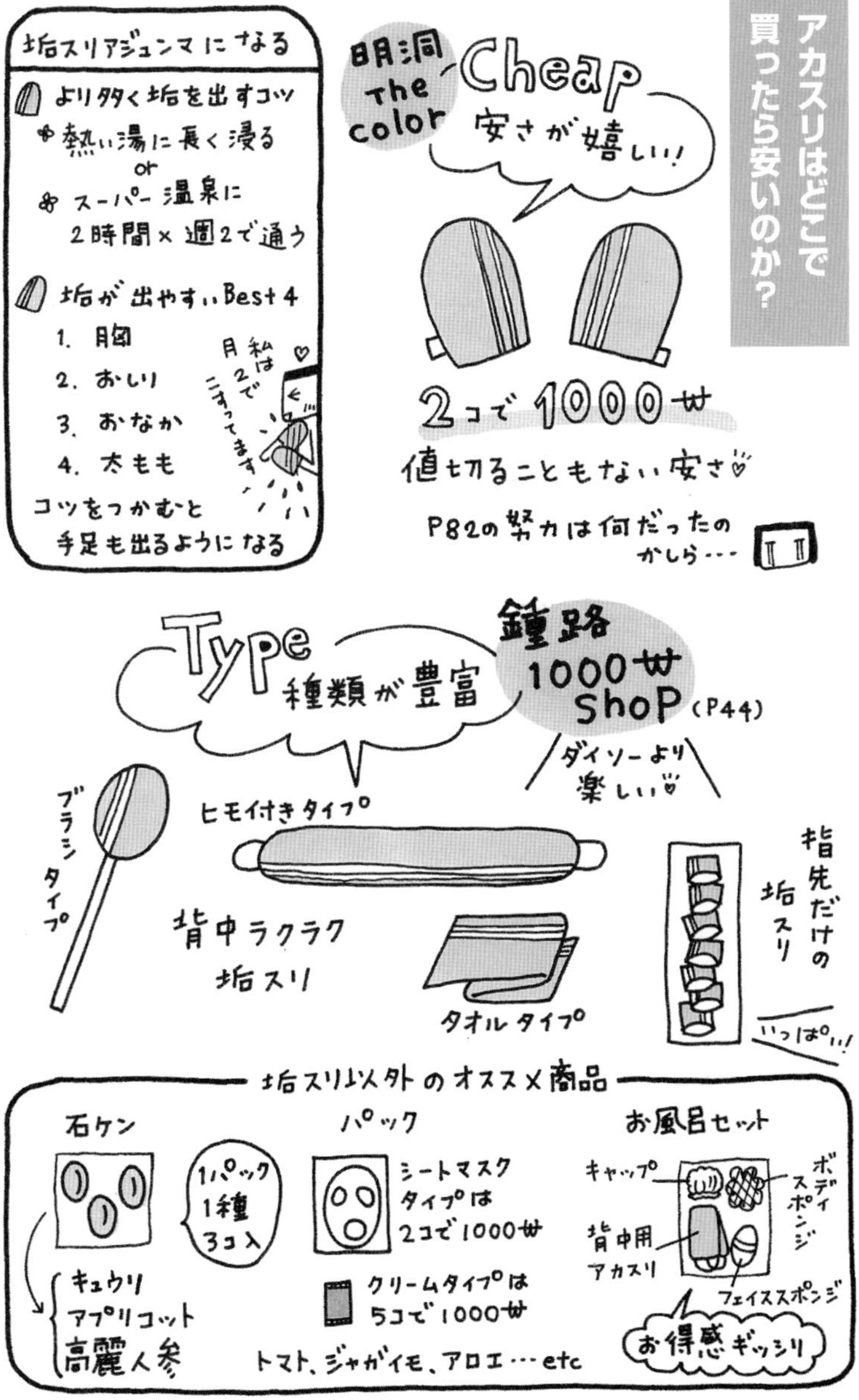

垢スリアジュンマになる
より多く垢を出すコツ
熱い湯に長く浸る
or
スーパー温泉に2時間×週2で通う
垢が出やすいBest4
1. 胸
2. おしり
3. おなか
4. 太もも
私は月2でこすってます
コツをつかむと手足も出るようになる
明洞 The color
Cheap 安さが嬉しい!
2コで1000₩
値切ることもない安さ♡
P82の努力は何だったのかしら…
Type 種類が豊富
鍾路 1000₩ Shop (P44)
ダイソーより楽しい♡
ブラシタイプ
ヒモ付きタイプ
背中ラクラク垢スリ
タオルタイプ
指先だけの垢スリ
いっぱい!!
垢スリ以外のオススメ商品
石ケン
1パック1種3コ入
キュウリ／アプリコット／高麗人参
パック
シートマスクタイプは2コで1000₩
クリームタイプは5コで1000₩
トマト、ジャガイモ、アロエ…etc
お風呂セット
キャップ
ボディスポンジ
背中用アカスリ
フェイススポンジ
お得感ギッシリ

お買物map

梨泰院《イテウォン》

革製品と『幻のニセモノ』で有名なエリア

韓国最初有名芸能人たちの
ライセンス商品が全て揃ってる
韓流商品専門店!
ドラマや映画の中のいろんなグッズを
買うことが楽しめます!
star shop 韓流の家
韓流의 家

①韓流の家

うなぎ かわ
EEL SKIN

梨泰院ランド

梨泰院ランドに続く急階段で
閉鎖してるわ 韓国人に聞いても理由がわからないって
白人バックパッカーに教えられた
お知らせ：施設の老朽化のため、2005年9月13日から修復作業に着工し、2〜3日後には営業いたします。梨泰院ランド従業員一同…って、もう10月入ってるんですけどねぇ…（泣）

①韓流の家で捕らぬ狸の皮算用

私が今回、ここに来た目的は、ただひとつ
コーヒーを入れると
ヨン様の声が流れるマグカップ
を試聴すること(笑)
4400W
ところがなかった!
くやしいので内容を教えてもらった
1人の女性を愛しています
愛する女性と子供たちの
暖かい場所、丈夫な橋に
なってあげたいです
愛しています
プロダクションと制作側とのトラブルで現在は発売中止となっております
ちなみにお客の99%は日本人だそう
カチカチカチカチ
今、オークションに出したらどんだけの儲けになるんだ!?

食品と服、雑貨のショップ。冬よりも夏の服のほうが使い勝手がありそう
ハミルトンホテル
出口①
出口②
韓国汗蒸プラザ
地下鉄6号線・梨泰院駅
チープ！
安全地帯
梨泰院市場
出口④
出口③
セブンイレブン
梨泰院天主教会の看板
クラブが続く
そこで私が買ったものはというと
葛の根のお茶、チクチャ。便秘と肌に効くらしいけど、苦味で身震いがする（笑）
梨泰院まで来てこんなものを買うヤツはいないらしく
店員
ごめんなさい値段がわからないの
バーコードを貼った商品一覧表
ジヒが探してた（笑）
梨泰院天主教会
普光小学校
安くてウマウマ P56
トンガネンミョン
坂の途中にあるトンガネンミョン。ここのスープはマジでウマウマっす

サウナと麺と韓流スター

2005年の夏、梨泰院へ一度も行ったことがないというジヒ（そんな韓国人もいるんだ）と一緒に訪れた。革製品と旅行カバン、韓国民芸品、それに幻のニセモノ…あまりのつまらなさに、もう二度と来ないだろう、と思った。

ところが3ヵ月後、チカコちゃんとまた来てしまった…。今回はチムジルバン『梨泰院ランド』でゴロゴロ、ヨンジュの『トンガネンミョン』でウマウマ安ムルネンミョン、『韓流の家』で韓流スターにハマっているチカコママにお土産を、というコースを回る予定だったが…。

英語が通じるというか、日本語がバリバリ通じます。

お買物map

狎鴎亭《アップクジョン》・清潭洞《チョンダムドン》

芸能人も出没するセレブーな街を、チープな視点で歩く

ギャラリア百貨店
名品館WEST
名品館EAST
ロデオ通り
海外旅行に役立つガーリーな雑貨が揃う
CIRCLE EMPRY ROOM ①
アメリカ、イタリアなどのインポートのセンスと価格が高いショップが並ぶ
ぴかぴか ②
宣陵路
Hard Rock CAFE SEOUL
島山大路

名品館WEST。ブランドショップはスルーして、各フロアの浄水器コーナーへGO（笑）。お湯にティーパックを入れて、まったり休憩

タルゴナ→P49 完成品

韓国版セレブカニ道楽

ヒャクエンスシ。テナント募集の紙が貼ってあるってことは…潰れた？

ブライタルフェアーの宣伝カー。結婚費用が半額になったり、嫁入り道具が当たったりするらしい

こちらは靴下カー

①CIRCLE EMPTY ROOM　イタリ〜な帽子屋さん

made in Italy
68000₩
ブスが隠せてカワイイかも
買えばよかったと後悔

3〜80000Wのオッシャレ〜な帽子が並ぶ

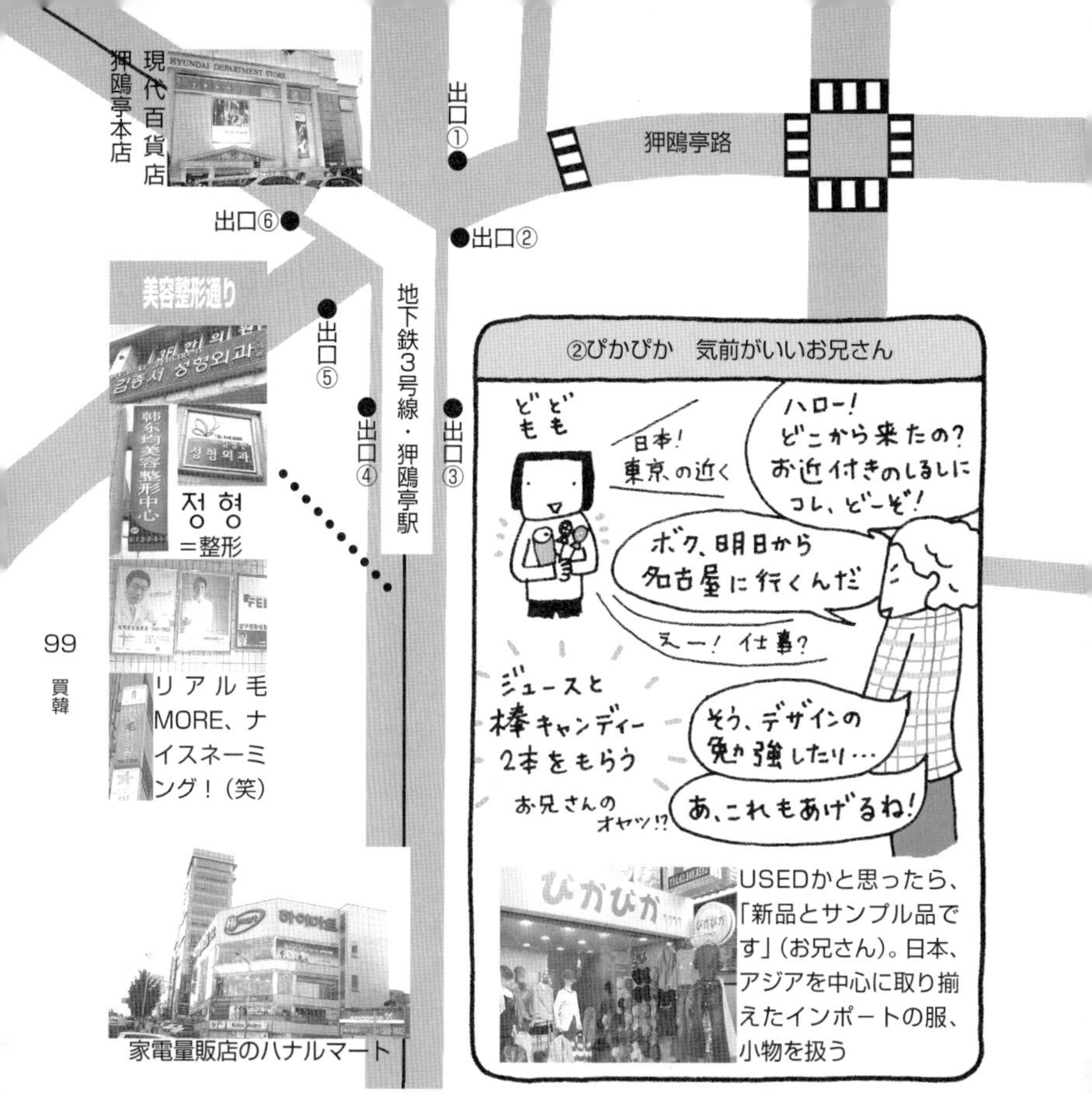
HYUNDAI DEPARTMENT STORE
現代百貨店
狎鴎亭本店
出口①
出口②
出口③
出口④
出口⑤
出口⑥
狎鴎亭路
美容整形通り
地下鉄3号線・狎鴎亭駅
②ぴかぴか　気前がいいお兄さん
どどもも
ハロー！
どこから来たの？
お近付きのしるしに
コレ、どーぞ！
日本！
東京の近く
ボク、明日から
名古屋に行くんだ
えー！ 仕事？
そう、デザインの
勉強したり…
ジュースと
棒キャンディー
2本をもらう
あ、これもあげるね！
お兄さんの
オヤツ!?
ぴかぴか

정형
＝整形

リアル毛MORE、ナイスネーミング！（笑）

家電量販店のハナルマート

USEDかと思ったら、「新品とサンプル品です」（お兄さん）。日本、アジアを中心に取り揃えたインポートの服、小物を扱う

ここに来たくなる気持ち

服から小物、雑貨まで、み〜んなオシャレ！ だって、ほとんどがインポートモノなんだも〜ん！…というのが、どーもひかっかって、なかなか狎鴎亭・清潭洞に足が向かなかった。

食わず嫌いはいけませんな、私、すっかり心奪われちゃいました（笑）。どこの国の製品だろうと、オシャレなものはオシャレ、いいものはいい！ しかも扱っている商品は高いけど、店員の態度はお高くない。意外にもフレンドリー。ショッピングエリアの中で、一番会話が弾んだ。日本価格と思えばそれほど痛くもないんだけど、東大門の価格を知っているだけに…サイフのヒモはなかなか緩みませ〜ん。

お買物map

新村《シンチョン》・梨大《イデ》

新村は夜、梨大は昼間、みんなでワイワイ行きたいエリア

京義線
↑
梨花女子大
①
画材・文具
国鉄・
新村駅
ボールペン
230₩
安ッ
早ッ
3日で
役目を
終えた
これぞ韓国の
カワイイ!な服
オシャレな
スイーツ屋さんが
目白押し!
QUA
ブティック通り
服もバックも
靴も安い!
①女の子world
くたびれたVivienne
Westwood（笑）
履くには勇気がいる
けど、カワイイ
多国籍レトロtoy
梨大といえば
ビラ配り
アジュンマ
UV対策
バッチリ
むんず
HAIR CUT
PIZZA
LUNCH
FOOD
歩きにくい
むんず
出口②
出口③
出口①
出口④
地下鉄2号線・梨大駅
出口⑦
出口⑥
出口⑤

延世大学
ここに1人でゴハン食べに来たら淋しいね
…だよね やっぱり
ジヒと一緒でよかった
友だちのいない問題のある人だと思われます
くまさんは外国人ですから平気ですけど
創作デブ食
2Japanese cuisine…もはや寿司じゃない
1チーズ+ラーメン+タッカルビの高カロリーコンビネーション（笑）、チゾラタッカルビ
セブンイレブン
新村レスト
チムジルバンあります
←もう出来上がってる！？
民族酒場はリーズナブル
広場
シンナラレコード
カラオケ通り
私が唯一訪れた韓流ドラマロケ地。『美しき日々』でチェ・ジウが働いていた店
現代百貨店新村店
地下鉄2号線・新村駅
新村ロータリー
路上占い。占い師のアジョシ、ケータイ打ってますけど…

chit-chat

お国識別チップが内蔵されている!?

のほほ〜んと歩いているそこのあなた、韓国人女性からチェックされてますぞ（笑）

なぜ、わかる？

韓国人（♀）の友だちと一緒に道を歩いていると、

「あれは日本人。これは韓国人」

まるでヒヨコの雌雄識別のごとく、日本人と韓国人をパッパッと瞬時に振り分けていく。まるで、お国識別チップが内蔵されているかのような早業だ。

あまりにも言い当てられるので、何かちょっと悔しい。負けじと私も韓国女性の特徴を分析してみたりなんかして（笑）。

彼女らが思う日本人、私が思う韓国人、当たっているかな？

●韓国人♀から見た日本人♀の特徴

Face
愛想笑い
過剰マスカラ
あなたは100% 日本人顔
どんなところが？
のほほーん
魚眼
ヘーギョンさん
がーん 雰囲気が？
目が大きい
おだやかな顔つき
日本人は室内でコートをイスにかけるとき、コートの内側を出してかけます
テギュンさん
日本に11年いたので見るところが細かい!
Hair
レイヤー
茶パツ
Fashion
Tシャツ
ヒザ上スカート
上着を腰巻き
ブランドバッグ
最近はウエストポーチよりポシェットが多い
ガイドブック
ハイソックス!
スエ
ウソー! なんでよー
ウソー?
なぜか旅行時は多くなる
ハイソックス人口
ロッテホテルソウルのロビーでよく見かける

●日本人♀から見た韓国人♀の特徴

デート
Hair
黒髪ストレート
日本人じゃないと一発でわかるパーマ
Fashion
女のコーデ子
フレアスカート
ワンピース
フリル使い
小振りのバック
Face
スッピン
薄化粧
歯がキレイ
デイリー
束ねるだけ
パイル地やジャージのパンツも人気
カジュアルコーデ
ジーンズ
スニーカー＋
スニーカーソックス

最近増えているのが
イタイ人
独身なのか既婚なのかビミョー
Hair
セミロング
パーマ
Face
30代
くるっ
乙女ファッション
スッピンだった人を見たときは…スゴかった

私も人からアジョシと呼ばれたらムッとします
最近はビミョーな年齢の人にはチョギヨと呼びます
ビミョーなお年頃安さん（28）

●「飲むだけ～♪」のコラーゲン5000

（あれ！？ 10000じゃないんだ）

콜라겐 5000

日本ではチェ・ジウを起用したインパクトに欠けたCMだったけど、韓国では30代の女性が子供に『アジュンマ』と呼ばれてムッとする、面白いストーリーCMだった

緑星人

婦人服、緑が幅をきかせていると思いませんか？

緑スカート

緑オンニ

緑アジュンマ

オマケ・緑トイレ

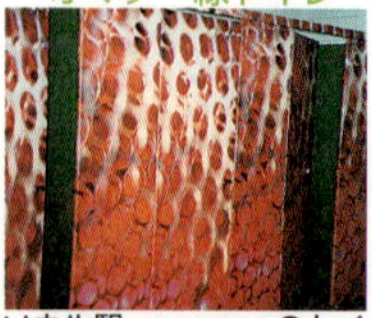

ソウル駅・concosのトイレ。パブリックスペースはサイケ、個室は真緑

Part 4

あーいえばこーゆー《交友》こーりゅー《交流》コリア

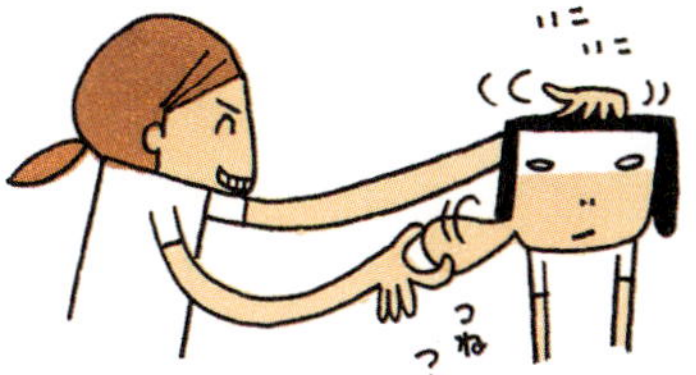

独立《トンリップ》記念館《キニョムグァン》へのススメ

♪戦争を知らない〜♪どころか歴史問題も弱い私が、なぜ、ここへ来たのか?

キョレーの塔。まずはここを目指して歩く

過去を考えるキッカケ

「日本人を恨んでいるかって!? 過去は過去、関係ないよ」

はっきりいって韓国人の友だちとは、歴史問題の話をしたことがない。日本人と韓国人と仲良くなりたい韓国人と仲良くなりたい日本人の間には、温和な空気しか流れない。あ、熱く討論するほどお互い若くないってこともあるかもしれないけど（笑）。例え私が話をふったとしても、大概は冒頭のミンソのような言葉でこの話題は、終わる。

ところが、ある日、

「日本がレイプしたうんぬんかんぬんを、どう考えるか?」

と、全く知りもしない韓国人の大学生がチャットしてきた。自分が学んだ歴史問題を、私にぶつけているようなんだけど、翻訳機を通しての発言だから、すご〜くヘンな日本語。日本人がレイプしたって何? 理解したいから、英語で質問したら

「英語は不得意ですから、やめてください」

日本語にすれば

「あなたは何の話しをしているのでしょうか? あなたは慰安婦をうんぬんかんぬん〜」

と、かなり一方的な態度でムッ。

「日本の文化は嫌いじゃない。しかし、日本の政治は嫌い」

彼の反日感情＝歴史教育、今の韓国なんだと感じた。私はというと、学生の頃から歴史に全く関心がない、知識がない、で、反論のしようがない。学校の教科書で習ったように、ただ謝るっていうのもねぇ…。それに彼は一辺倒の謝罪じゃなくて、日本人の意見が聞きたくて、チャットしてきてるんだし…。

次回また彼が、バトルしに来たとき、日本人としての意見をいうためにも、知識を貯えておかなくっちゃ。

不屈の韓国人像

深夜のテレビ

独立記念館を訪れた日本人学生たちのドキュメンタリー番組が、深夜に流れた。第3展示館の日帝侵略館で展開される『日帝の愛国志士の拷問場面』で再現される極悪非道な行為と泣き叫ぶ音声。涙を流す生徒、気分が悪くなる生徒、暗い映像が続く。

私もここへ行こう。

想定外な遠さ

所在地は、ソウル市内だろう思っていたら、ウマウマスンデ→P64がある天安だった。

の〜んびり平和な空気

日本で発行されている韓国のガイドブックで、独立記念館の様子を詳しく紹介しているものは、極めて少ない。日本人は修学旅行生くらいしか訪れないってこと？

韓国人も訪れない？

「独立記念館に行ったことある？」

私の問いに、20代中盤〜30代前半の韓国人（約10人）の答えは「ノー」。

P110の大峙《テチ》中学の生徒たちにも同じ質問をしたら、親に連れていかれた子が、1人。あれ？ 私の想像では、課外授業の一環として、韓国人なら誰もが必ず行く場所だと思っていたのに…。これまた想定外なお答え。

独立記念館

1982年から建設資金を韓国の全国民からの募金活動で集め、5年間の建設工事の末に、解放（独立）以来の韓国国民の宿願事業のひとつとして1987年8月15日に開館した歴史記念館。121万坪の広大な敷地内にある第1〜第7展示館はテーマ別で構成。

創立主旨

独立記念館は、外国の侵略から民族の自主と独立を守り通してきた韓国民族の国難克服史と国家発展史に関する資料を収集・保存・展示・調査・研究することによって、民族文化のアイデンティティーを確立し、国民の民族精神を徹底的に宣揚して正しい国家観の確立に貢献することを目的とする。

第3展示館の日帝侵略館

古代以来、韓半島から文化を受け入れた日本は、19世紀の半ばから武力で韓国を侵略してきた。日本帝国主義は機会がある度に各種不平等条約を強要し、1910年には韓国を強制的に併合し、経済的収奪と独立運動に対する非人道的な弾圧を行い、結局、韓国民族を抹殺しようとした。この展示館には日本帝国主義の侵略と蛮行の実状が展示されている。

일제침략관
The Hall of Japanese Aggression

いざ、第3展示館の日帝侵略館へ！

通常、館内は撮影禁止。今回は許可を得ての掲載
まずは、ここで疑似体験してから訪れてみてはいかが？

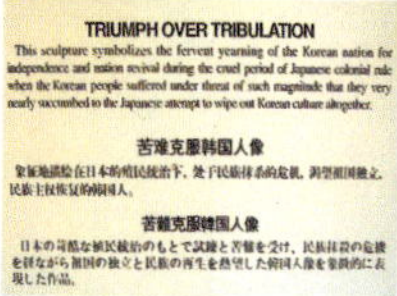
TRIUMPH OVER TRIBULATION
This sculpture symbolizes the fervent yearning of the Korean nation for independence and nation revival during the cruel period of Japanese colonial rule when the Korean people suffered under threat of such magnitude that they very nearly succumbed to the Japanese attempt to wipe out Korean culture altogether.
苦难克服韩国人像
苦難克服韓国人像

英語語、中国語、日本語の表示

일본군 위안부 실상
日本軍 慰安婦 實狀
Military sexual slavery by Japan

映像、写真、模型…視覚で訴える手法が多い

蝋人形拷問再現展示室

女性の悲鳴が響く性拷問

電気責め

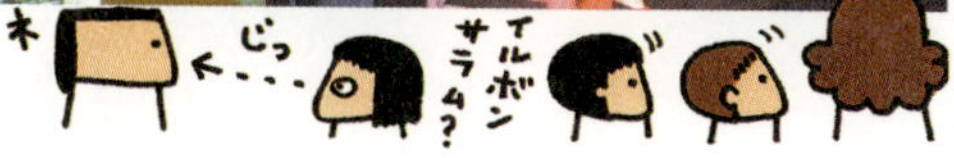
イルボンサラムがねぇー
イルボンサラム？
じっ
木

本日の回答者
掃除担当
イム・インスンさん
50歳とは思えない、美肌とユーモア、中立心を持った方。こういう人がここで働いていることは、非常に嬉しい

Q 学校の授業として、ここへ来る子供たちはいる？

A 幼稚園～大学生が、課外授業や修学旅行などで来ます。最近ではソウルから電車1本で来れるようになったので、ソウルの学校からも来ます。

Q 日本人がここへ観に来ることに対して、どう思う？

A その時代に生まれた人ではないし、当時の日本人全てが悪い人だとは思っていません。ただ、自分もこういう残酷な時代に生まれていたら、この国を取り戻すための、何かしらの運動には参加したでしょう。時代が悪かった、ということです。

今の日本は平和な国なので、学ぶことは多々あると思います。それに、どこの国にも悪い人はいるでしょう？

トイレ掃除していると日本の女生徒が私に向かってハイルというんだけど、ハイルって日本語でキレイって意味なの？
ニコニコ
私がキレイっていってるの？

生き埋め+首落とし

水責め

鋭利なものを爪先に突き刺す

うわっ、怖っっ
パッ
蝋人形の顔部分が自分の顔に変わる
スカ
スカ
くまさんは小さいから余裕ですね
これじゃー拷問にならないわ
とっても平和な3人
80年代、日本にいたのでこの記念館の在存を知らなかったデギュンさん
むぎゅう〜
は、入りましたけど…これだけで死にそう
うわー入るんだー
これだけですでに拷問!

拷問体験の場

この壁棺は、一人が入って立つと動けないほど狭く、2、3日監禁されると全身が麻痺する

日帝が1936年、西大門警察署を新築するとき、主に独立闘士達を拷問する目的で高等係の取調室に設置。縦横20センチの小さい窓があって、ここを通して尋問していたという。

日韓交流 課外授業

民間レベルから親ぼくを深めよう！

中学生を交えて日韓の学生でパチリ

高麗大学の日本人留学生たちだけでパチリ

教壇で、今回の主旨の説明を日本語でするテギュンさん。11年間日本に住んでいたテギュンさんの日本語は、ネイティブと変わらないパーフェクトベラベラ

「高麗大学日本人留学生の本校（大峙中学）訪問を、歓迎します」

『韓日交流』も今回で2回目。前回参加した顔ぶれも多く、打ち解けた雰囲気。今回の参加者は、日本人13人、韓国人32人

発起人はテギュンさん

「韓国と日本の交流を深める、懸け橋的な活動がしたい」

行動力があるテギュンさんは、公立大峙《テチ》中学校が募った名誉講師に志願。見事『日本語を教えるプログラム』の教壇に、月イチで立つことになった。現在、学校で用意したプログラムは30種類以上。その中から学生たちは好きな授業を選択し、学ぶ。

「ただ教えるだけでは、子供たちの関心は薄れてしまう。なにか工夫をしなくちゃ」

行動力があるテギュンさんは、今度は高麗《コリョ》大学に出向き、『韓日交流』の企画を持ちかけた。そして、今回、お邪魔させて頂いた『韓国の中学生と日本人留学生の交流の場』が設けられた。

キッカケ

日本語を習いたい、話したいと思った動機を聞いたら…。

竹島問題！
ボクも！
新聞で竹島問題が載っていたら、朝、学校で友だちと話し合ったりする
でも、日本人とは話す機会がない
チャットで話してみれば？
日本人とチャットするけど冗談しかいわない
ふむふむ
だから、今日は日本人と話し合えて嬉しい

お菓子をむさぼる姿は、まるで小学生（笑）

月曜日から始まるテストの範囲に竹島問題が入っていたので、彼らにはまさに旬な話題！本日のメインとなって熱い討論となった

韓国の中学生

韓国の中学生は、年上に対して物怖じしたり蔑むことなく、きちんと自分の意見を日本の留学生に述べていた。しっかりしてるし、擦れてない。

日韓の避けられない問題

竹島問題と歴史問題。学生同士なら、この話題は必ず出てくるんだそう。しっかり授業で叩き込まれている韓国人と、曖昧な授業で流している日本人。日本人にはあまりにも不利な討論。韓国に来てから勉強する人も多いんじゃないかしら？

高麗大学校側は、今回の交流が評判がよかったので、２００６年からは幼稚園や高校との交流も考えているという。

イ・ビョンホン、君の安否が不安だ
板門店《パムムンジョム》ツアー

→笑いを堪えてムッツリ顔

私のイ・ビョンホン←

君は私を恨んでいるだろうか？

④臨津閣《イムジンガッ》観光

2

2
1

1平和の鐘　2自由の橋の行き止まり

↓自由の橋
↓鉄道用の橋
朝鮮半島の形をした統一池↓

①ロッテホテルソウルのロビーから出発

②統一公園観光

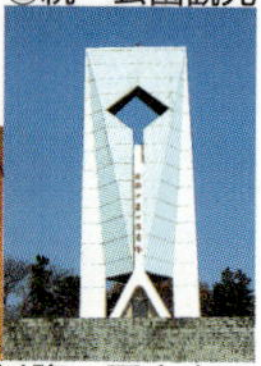

③昼食。2004年秋以降、軍人向けのバイキングレストランから、食堂のプルコギ（2人1組）へ変更

軍事停戦委員会の建物

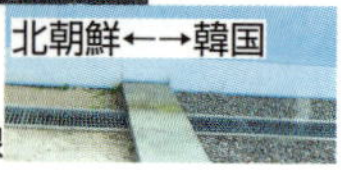
北朝鮮←→韓国

境界線

⑤キャンプボニパスへ入る

板門店スライドブリーピング。ここで訪問者宣言書に同意、配られたバッジを胸に留める。板門店、朝鮮戦争についてのスライドを観賞。非武装地帯や、1976年のポプラ事件など、無知なままここに来た人でも、ここで学ぶことができる。服装に問題がある人は、ここで強制お着替えタイム

ルールは上次第

板門店のルールは、上官のアメリカ人が変わるごとに改定。だからツアーに参加した時期によって若干の違いがある。

私が参加した時期は、服装の規則はかなり緩く、穴が開いていなければジーンズもOKだった。しかし、行動規制は『指定以外の場所で立ち上がったり、写真を撮ったら、撃ち殺されても仕方がありません』『北側に誤解されるので、指差し（ピストルのポーズ）禁止』『全体責任ですから1人の規則違反で、このツアーは直ちに中止になります』など、終始緊迫した雰囲気の中で見学は行われた。それでも3年前よりは大らかになった、と、説明された。

事件は突然起きた！
キャンプボニパスでは「笑顔禁止」と強く注意されていたので、どの写真撮影も
カシャ☆
カシャ☆
カシャ☆
みんなムス顔
サジン チゴド ケンチャナヨ？（写真、撮ってもいい？）
ムスッ
ネ
ところがこのイ・ビョンホン
え!? 一緒に撮るんじゃないの？
いや、その、あの
大テレ
헌병
……
笑ってるぞ！
いいのか？
人間らしくていいじゃない
ざわざわ
おもいっきり笑っちまった！
くまちゃんのせいで今頃、上官にボコボコにされてるかもよ
かわいそ～
ズ――

事件現場となった第3警備所

彼を心配しつつ見た、帰らざる橋

中央高速観光で行く

ご存じのとおり板門店へはツアーでしか行けない。ツアーを受け持つ会社は3社。そのうちの1社、私が参加した中央観光は、軍が運営している。

一度は訪れるべき地

韓国人は参加できない板門店ツアー。ガイドでさえ、ここに入る許可が降りるには、6カ月～1年かかる。興味がないからといわず、外国人の特権を活かし、是非、訪れてみてください。

DMZ 非武装地帯

集合写真とガイドブックを組み合わせたアルバムを販売。24000W。中央高速観光では、ツアーでの収益の一部を国連軍、国連軍の福祉に当てられる

ミーハー気分で安東《アンドン》タダツアー

韓国最高の農産物認証ブランドWhimori《フィモリ》が、主催するツアーに参加♪

安東韓紙工芸展示館

●豊山《プンサン》韓紙の製造行程を見学

コウゾの木

ほとんど手作業で行われる行程は、和紙作りによく似ている

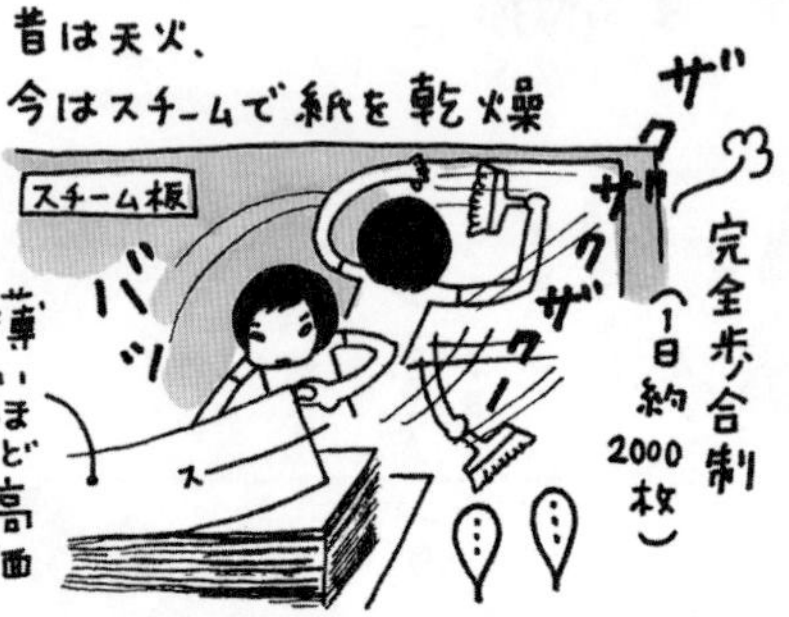
昔は天火、
今はスチームで紙を乾燥
スチーム板
ザッ
ザク
ザク
ザク
バッ
スー
完全歩合制
（1日約2000枚）
薄いほど高価

職人は熟練の感覚で紙をすく

見習いは機械で紙をすく加減を覚えていく

社会科見学の子供たち

皆佳妙毛施
晦魄環照指
韓石峰

最後の一文字が読みを、前の文字が意味を示す漢字。韓国では中学生から学ぶ

韓紙の服。高級品は布と変わらない

仁寺洞にも製品を卸しているが、最近は安い中国産も出回っている

Whistle in the Morning
Whimori

タダほど高いものはない？

『Whimori農産物無料ツアー』

対象：韓国を訪問する全ての日本人旅行者（在日韓国人を含む）

費用：全額無料（1日の行事費用は韓国農水産物流通公社が広報費用で負担）

催行人数：6名様以上

予約方法：ツアー用紙に必要事項を記入し、メールで申し込み

　ツアー用紙には、旅行保険の加入に必要なパスポート番号と生年月日を書き込む欄が…。タダってだけでもきな臭いのに、命の次に大切なパスポート番号を記入ですと!? 1人で参加して大丈夫なのかしら…不安。

●韓紙を使った手鏡作り体験

鏡の枠と持ち手の部分、鏡の裏部分にのりを塗った韓紙を貼ります
そして、その枠の方面に幸福を意味する花を切り抜いた紙を貼り、
もう片面に鏡をつければ出来上がりです
スゲー
ナイスアイディア！
あの〜花をやめて大好きなリュ・シウォン貼りたいんですけど
あんただけ幸せこないねかわいそうに
プロマイド持参

くまくま作

思うことは皆一緒

「このツアーを始めたとき、『タダのツアーなんて怪しい！』『物を買わされるんじゃないか、宗教に入らされるんじゃないか』そう思われて全く人が集まりませんでした。第1回目は2004年10月15日、人数が集まらなくて5人での催行でした。参加された方々の顔を見ると『怖い、帰りたい』と訴えていて、その緊張と誤解を解くのが大変でした〜。」

進行役のハクさんが、当時を振り返って笑った。

安東の伝統文化から芸能ネタ、キムチやナッツなどが中国産に変わりつつある嘆かわしい現状など、ハクさんの話しは話題に富んでいて、飽きさせせない。

http://www.whimori.com/japan/

両班《ヤンバン》文化が息づく河回村《ハフェマウル》

1両班の証、瓦屋根の家。両班とは李朝時代の身分階級で、最上位の特権階級のこと。農工商の労働を嫌い、官僚の座を独占　2庶民が住む藁葺《わらぶき》屋根の家。最近では国の許可を得て、瓦屋根に建て替える人が増えている　3保健所　4養真堂《ヤンジンダン》。大儒学者を多く輩出した、豊山柳氏の本家　5河回村を囲むように流れる洛東江《ナクドンガン》

안동국제탈춤페스티벌 2005

安東国際仮面フェスティバル（毎年9月の最終金曜日～10日間開催）

←たぶん父

→リュ・シウォンの兄

6アンテナ。昔ながらの風景を損なわないように木と同化（笑）　7昔ながらの地熱を利用したオンドル。黒くなっている一番熱い場所は目上の人が使った　8昔、両班たちは敷地内のブランコ遊びをして、塀の向こうの世界を覗き見たという　9樹齢600年のけやきの木。河回村に吹く独特な風で作られた、方々に別れた幹が特徴　101999年4月エリザベス女王の誕生日が河回村で行われ、リュ・シウォン一家がもてなしたことから、リュ・シウォンが安東・河回村出身＝両班だったことが発覚。両班にとって、芸能活動はあまり誉められた仕事ではないため、ずっと出身地を伏せていた

安東は白い布地の生産地としても有名です。だからリュ・シウォンはいつも白いスーツを着ています
生家へはファンクラブからの連絡がないと入れません
リュ シウォン ネタも 豊富な ハクさん

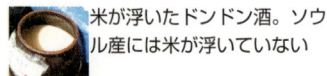

●リュ・シウォンの生家、澹然斎《ダムヨンジェ》

お兄さんとリュ・シウォンの表札

澹然斎とかかれたお布施箱→昔、貧しい両班を助けるためにお金を入れておいた。労働者の手では、入らない口の大きさになっている

米が浮いたドンドン酒。ソウル産には米が浮いていない

菊花栽培団地

17年前、亀尾花卉団地は、苗からの温室栽培に成功

1日本への出荷、90%。①部分を摘むことで、周りの花がキレイに咲く　②茎の長さや花の数は、日本のバイヤーが決める

2惜しくも規定に満たなくて、破棄された菊たち　3韓国ではバラよりも価格が安い菊をプレゼント用として人に贈ることが多い　4お土産として頂いた菊の花束。緑の菊が『ヨーコオノ』　5日本のお彼岸に合わせて年4回収穫　62006年からWhimoriの名で統一し、出荷　7押し花体験。菊の押し花をレイアウト。収納たっぷりなフォトアルバムの表紙にプレスして完成

実は前回、ツアーに
申し込んだとき、
集合場所まで
辿りつけず
道に迷っていたら
出発します
まだ5分前なのに
置いていかれた(笑)

韓国で菊を知る

緑の菊、『ヨーコオノ』が日本では一番、人気がある。

私は全く知らなかった、緑の菊も、ヨーコオノという花名も、菊のバリエージョンがこんなにも豊富にあるということも。

韓国から戻って来て、スーパーの花コーナーに行くと、あった、ヨーコオノ。『仏花』って書いてある…。こーゆー書き方されると買いにくいなぁ（笑）。せっかく可愛らしい花なんだから、もう少し売る側も考えてよ。

日本人にWhimoriの良さを伝えたいと始めた、このツアー。ハクさんと部長さんの人柄も内容も家庭的でほんわか。菊以外のツアーもあるので、次回は違うツアーに参加しよ～っと。

日韓文化交流展 in COEX《コエックス》

한일문화

今回のイベントテーマは『日韓友情の出会い』

2005年は「日韓友情年2005」でした

日韓の識別できますか？

チップ反応

日常生活における日韓の違いを写真で表現した作品。

『観光広報大使』の木村佳乃

青森ねぶた

漫画が描かれた紙で作った飛行機を飛ばす

茶道の実演

パッ
日本人
日本人
パッ
パッ
この人韓国人
パッ
この人日本人
パッ
日本人
パパッ
韓国人
姉妹揃ってお国識別チップ(P102)が作動中
姉・キョンジ
妹・ジヒ
ジーンズ…
出たっ！
私には さっぱり わからんっっ
それに2人共、披露宴帰りとは思えない格好…ラフ過ぎるだろっ
ム

ギミーファイブ
私がCOEXに来た目的、それは
イタリアンディナー
私はチャジジャンミョンのほうがいいけど
格闘技観戦
オカマショータイム観賞
ショーとゴハンが楽しめるギミーファイブに行くこと！
日韓文化交流展のあと行ってみると
あれですね
うん
でも、入場料が高くてこの足を踏む
29000W
TIME TABLE
ウ
観光客価格…
ラ、ランチならビュッフェで9000Wですよ！
でもランチにはショーがないから私には行く意味がない
4ヶ月後、再び渡韓
やっぱり見たい！
予約を入れようと電話すると
出ない
？？？
ホテルのフロントにギミーファイブが入っているコンベンションセンターに確認してもらうと
潰れました！
ガーン
入れ替わり立ち替わりが激しいソウルで次回、来ればいいか〜は、ないと思え！（泣）

人知れぬ（?）苦悩

日韓国交正常化40周年だった2005年は「日韓友情年2005」のイベントが日韓のあちこちで開催された。

COEX大平洋ホールで開催された日韓文化交流展は、日韓友情年の日本側主催メインイベントの1つだった。

「思った以上に人が入ってくれて良かった…」

私の隣で、関係者らしき日本人が呟いた（ごめん、日本語だったから聞こえちゃった）。日韓友情年とは裏腹に、巷では靖国問題、竹島問題、歴史問題…問題だらけで、入場動員数の心配が常にあったのだろう。

開催中の会場は、多くの一般韓国人で賑わっていた。

男とクラブに行っちゃダメって教えてよ〜！

愚痴と検証はあとにして、ますは私とバカ・ミンソの弘大《ホンデ》飲んだくれ一夜を読んでくだされ

Happy Price
₩5900
私の気持ちはunhappy

18：00 車に乗る

どこ行く？
漢南！
却下！
あ…乗っちゃった
男の車には乗るんじゃないぞ！
男はオオカミなんだ〜
渡韓前日に日本人の友だちに注意されていた

19：00 弘大散策

写真撮っちゃダメっていわれたって!? じゃー、ニーすりゃいーんだよ
カシャ☆
ダッシュ

撮り逃げかよっ！

19：30 居酒屋でワンショット

韓国人はワンショットと共に怒りのボルテージが上がる！早く怒りたいから早く飲む！これが韓国式の飲み方さ！
オイッ なんで一緒にワンショットしないんだよ!!
会話を楽しみながらゆっくり飲むのが日本式なの！
プイッ
チビチビ
ワンショット
ワンショット
ワンショット
ワンショット
ワンショット
ワンショット
ワンショット
カーーッ
他の国のヤツらがちんたら飲む姿を見ると余計イライラする

21：30

クラブに行く

平日の早い時間では、さすがのクラブのメッカ弘大でもこの有り様。踊るのが恥ずかしいほどガラ～ンガラン（笑）

韓国のクラブはアンダー30、ドレスコードがあるって聞いたよ？
うちらムリじゃない？
オーバー30
今から行くところは大丈夫！
サンダル
穴開きジーンズ

22：30

人格と記憶の崩壊

ワンショットとダンスで酔いがイッキに来た
ミンソーどこ行く気!?
モーテル！
ハァ!?
誰と誰がよっ
いーじゃーん♡
死ね！
理性をなくし
あれ!? 車がないっ
だって止めたのそこじゃないもん
支離滅裂
モーテルにフガフガ
路上で大騒ぎ
車をなくして傷心なオレになんてことを…
スケベ心出したバチやな
ホントにない!! ヤバイ！
だからそこじゃないって
駐車した場所を忘れ
盗難!?
だーかーらー
黙れ！
チューしよー！
おまわりさーん レイプする人がいますー
あ、バカッ！ よせっ
バカはお前だー
バチン
ドカ

日韓恋のからさわぎ

ジヒの家でランチパーティー、恋話しに花が咲く

テーマ1

正しいクラブの行き方

お酒↓クラブ↓モーテル
韓国では
お決まりのコースです
え゛ー
知らなかった!
ガーン
お酒飲んで踊ったら
どの国の人でもテンション上がって
そういう気分になるでしょ?
私はなりません。
くまさん、変わってますね
クラブへは女子だけで行きます!
へ?男と?
グループでワイワイ
行く場合なら
ありますけど…
ごにょごにょ
クラブデビューは
中学生だった
リンちゃん
っていわれたんですけど…
相談者
クラブへは
(ボディガードにもなるので)
男としか行ったことがない人
男と酒を飲んで
クラブへ行ったら
モーテルですね
お酒を飲んだら
そのまま帰るのが
いいです
し、知らなかった
ちなみに男友だちの
車に乗ることは
珍しいことではないです
韓国の男は就職すると
大概、車を買いますから

本日のメンバー

キョンジ
美人
ジヒ
アジアンビューティー
日本人留学生
カワイイ
くまくま
ちんちくりん
ニパッ

相談者
私のオッパは、「ここは危ないから行っちゃダメ」って教えてくれて、優しいです
でも、なぜか人前で私に向かって下ネタをいって、私の困った反応をみて喜ぶんです
困った男ばかりで同じ国民として恥ずかしい…
このオッパは変です フツー韓国人同士では失礼なので女性には下ネタは吐きません
韓国女性なら、とっとと そのオッパと縁を切ります
だから私はオッパの前では例えグループでいてもお酒は飲まないようにしています
韓国女性は恥ずかしくて直接問いただせませんが、あなたは外国人ですから「なぜ、下ネタをいうのですか？理由をいって下さい」とオッパに聞くといいです
帰りが遅くなったときに「うちに泊まれば？」っていわれたこともあります
この場合、行ってもOK↓家族と同居（親切心）
NG↓ひとり暮らし（下心）
う〜ん 日本人的には家族同居でもちょっと泊まりに行きづらい

テーマ3

今時の韓国人カップル

地下鉄の通路に貼ってあった、ショッピングモール・コズニ明洞の広告。ムッチュ〜♡

最近の若者は人目もはばからずイチャイチャしててすごいですよー

ムギュー
ムチュー
なるほど
動く歩道で2人の世界
昔は100%男がおごってくれたけど、最近は60〜70%になってきたよ
イヤな世の中になった
デパートにはワンフロアー丸々ユニセックスコーナーがあったりする。ナゼ?と思っていたら
街行くペアルックカップル
ヒィ ダサ
そうですか? フツーですよ
ま、男としてのプライドが高い人はおごってくれるけどね
意外なところに需要があった(笑)

テーマ4

びっくりなお見合い&披露宴

韓国も晩婚が進んでいるとはいえ、30代で独身は、相当肩身が狭いらしい。
年頃になっても相手がいない場合はお見合いをするのだそう

紹介料が発生する場合とタダの場合があって、私はお金を払って母の知人から紹介してもらったんだけど
今の彼と出会うまで 17回※断わったわ!

苦悩する25才

うーん… でも
結婚しろしろと迫られているカンジで苦しい

私もあやかりたいっ

そんなに何回でも断わってもいいなんて…いいシステムだね!

能天気なオーバー30

※ヨンジュ曰く、この回数は特例らしい

披露宴はパㇽリパㇽリ《せっかち》精神
御祝儀を払って、ビュッフェ券を受け取って、バラバラにテーブルについて食事をするだけです

引出物はカサやハンカチ、何もナシもあります

だから11時半に家を出たのに13時半には私とP118で合流してたんだ…

招待状は出すだけ。出欠は取らない
自分が披露宴に出た人は100%出席だから、それを踏まえて出席率を推測するのよ
韓国の情

新吉温泉《シンギルオンチョン》で体育会系デート

우리역 온천시설이 없습니다.
제1회 안산빛축제

「この駅には温泉施設がありません」

地下鉄4号線、ソウル中心部から2時間、安さんが住む街に到着

ウケる
ウケる
ワハハ
見て見て！すごく面白くないですか？
温泉好き
2003年から住んでいたのに知らなかった人
全く面白くないです、安さん

新吉温泉、地名の由来

　1992年、現在の新吉温泉駅近くで温泉が発見されたため、この地域を温泉地区として開発する計画が上がった。しかし、その後の進展はなく、企画自体もいつしか立ち消えに…。

　駅名を決めるとき、他にいい名前が思いつかなかったので、『新吉温泉駅』にしたんだってさ〜。おーい（怒）。

鳥耳島《オイド》の海

「ここの海は汚いので、泳ぐ人はいません」(by安さん)。でも釣った魚は食べるんでしょ

平日なのにナゼか人がいっぱい
…
有休取った人
赤の他人同士なのに釣りで熱くなるアジョシ2人
キッ
エッヘン
オー！
いっぱい釣れてるなー
スゲー
天才だな
ワイワイ
カラッ

大阜島《テブド》までドライビングニャオン

昔、島だった場所を埋めてできた新吉温泉。だから、このエリアは全て『○○島』という名がついている。ガランガランのハイウェイを車で飛ばしつつ、しばし談笑。

私は21〜23才まで軍隊にいましたね
軍隊生活って大変なんでしょ
いいえ!
え゛っ。。。
ガクッ
私の期待していた答えと違うんですけど…

私はバスの運転を任されていました。車は大好きですから楽しかったですね!!
他にもコンビニの店員、ゴハンだけを作る人、掃除だけする人などもいましたよ♪
(他の韓国人男性と比べて)なんで安さんがのんびり屋さんで天然入ってるのかで、わかったような気がした(笑)
テブド行けども行けども
モーテルばかり…
MOTEL
何も見所がないようなので Uターンしてゴハン食べましょ〜
下調べナシの初テブド
ぐーぐー
ぐっぐっ
温泉マークじゃなくて温泉がよかった
いつもは10分で食べますが、今日はくまちゃんに合わせてゆっくり食べましょー
だから残さず食べるんですよ!
キラーン
どーーーん
ヴッ

オッグ自然公園

「この公園はデートコースなんですよ」（by安さん）

目指すは13番（右写真参照）
フツー女の子のカバンって小さくて軽いのに何でくまちゃんの荷物はいつも重いの？
辞書とガイド本でズッシリ
ゼー
ハイキングの域越えて登山だよ
ゼー

山頂到着

知らない人にも躊躇することなく話しかける安さん
カシャ
しかも写真まで撮ってるし
この犬は何て種類ですか？
カシャ
マルチーズよ
怪訝な顔をすることなく答えるアジュンマ
ワフワフ
うちの犬、写真撮られるの大好きなのよ♪
そして会話に加わる娘たち
食べ物いっぱいの袋
実に韓国らしい光景だ

●下山途中で小休憩
くまちゃんはタイで服を買いますかー
私の場合はディスプレイ丸ごと買いですね!
そりゃー簡単で間違いなくオシャレだ安さんらし
支払いはカードですね よくサイフをなくすので 現金は持たないです
確かにスタバのコーヒーもカードで払ってたっけ…
下山後
いきますよー 覚悟はいいですかー
キラーン☆
ギャンギャン
犬が吠えてもお構いなし
ウスッ
ぐるぐる
服を脱いでおう戦
安さんのアパート近くでバドミントン1時間半(笑)

刺身食堂で減らないディナー
ひそひそ
ここは現金払いなので持合せの心配をしましたが、大丈夫足りました!
では、おいしく全部食べましょー
高いですからしっかり食べてって下さい
くまちゃん!! 箸が止まってますよ!
うっ
どどーーーんっ
刺身魚2匹分
メウンタン
お通し
おかず
ごはん

気にしてるのに…
バァ
なーんて冗談
韓国人よ！
バーーカ

スエ語録

韓国人っぽくないですって!?
デカ目
地黒
実は中国人とのハーフなの

彼女の一挙一動一言一言が、私の心を揺さぶる

面倒見
メールで
3泊4日でソウルに来るなら、その間学校休んで毎日つきあうわ
毎日…
予定を話して1日だけ会うことにしたら、その日のスケジュールを分刻みで組み立てられていた
ソウルで
私、疲れたから自力で帰ってね
なーんて冗談！
さあ、地下鉄に乗るわよ！
ハイ
地下鉄
バイバイ
あ、うん
なーんて冗談に決まってんじゃない！
プシュ
ガタンゴトン
私はそんな薄情じゃないわよ
非
結局、ホテルまで送り届けてくれた
ムギュー
(ノリが)疲れる…

同性同学年の女友だち

日本では聞きにくい言いにくい女性への年齢の質問も、上下関係をしっかりさせる必要がある韓国では、聞くほうも答えるほうも気まずくない質問。だから日本人の『だいたい○才くらい？』と、ごまかす心理をヘンに思う韓国人。

　年下のヨンジュやジヒとは明らかに違う、スエとのやり取り。韓国の同姓同学年の友だちもこんなハード（笑）なつきあいなんだろうか？ スエが異端児なだけなんだろうか？

　日本人なら初対面で、まずしない質問『BFはいますか？』。名前や年齢とワンセットになっているのか、上下関係関係なく必ず聞かれた。

見解の相違

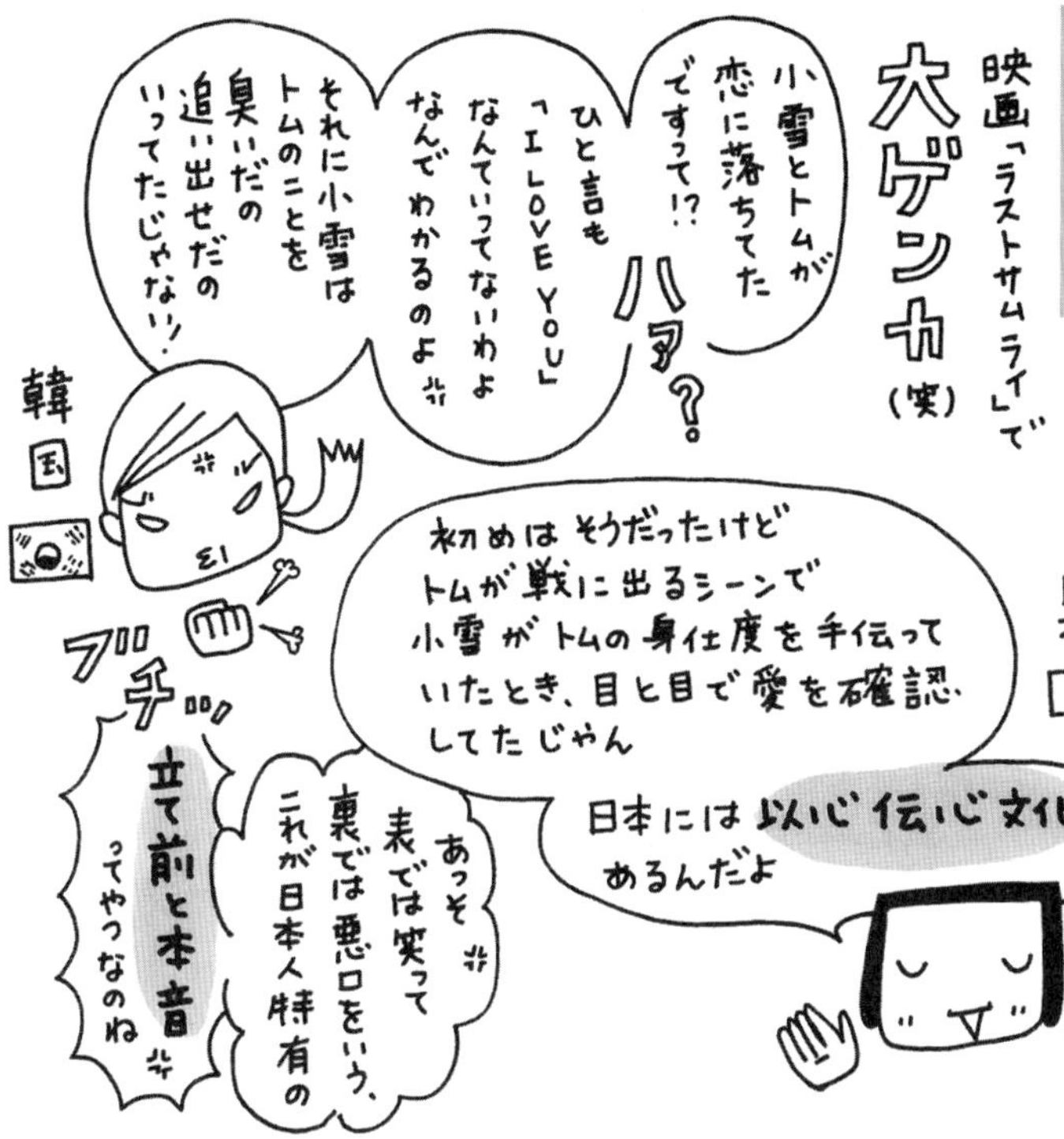

映画「ラストサムライ」で
大ゲンカ（笑）
小雪とトムが恋に落ちてたですって!? ハァ？
ひと言も「I LOVE YOU」なんていってないわよ なんでわかるのよ
それに小雪はトムのことを臭いだの追い出せだのいってたじゃない!
韓国
ブチッ
日本
初めはそうだったけど トムが戦に出るシーンで 小雪がトムの身仕度を手伝っていたとき、目と目で愛を確認してたじゃん
日本には以心伝心文化があるんだよ
不思議？
あっそ 表では笑って 裏では悪口をいう、これが日本人特有の
立て前と本音ってやつなのね

冗談？本気？

ショッピング中も スエ語録 炸裂
全然、買ってないじゃない!
つまんないからだわ
くまは二度と韓国には来ないわ!
だって笑ってないもん
そんなアホな
面白くもないときにヘラヘラ笑ってたらヘンだろっ
疲れたか？ですって!?
歩き疲れて足が痛いなんていえるワケないでしょ
いってるじゃん

ポジャンマチャで韓国人男性を悩殺

チョンさん
チカコさ〜ん♡
骨抜きにされた殿方

恐るべしフェロモン・チカコ！

チカコちゃん
チカコ
フェロモン
ムンムン
美人って大変
今夜の主役

寒さよけのビニールが張ってあるポジャンマチャ

苦悩する男
チョンさんはチカコちゃんを見た瞬間から
韓国人苦手なのよねぇ とりあえず笑っておこう
ニコッ
ズキュン
チカコ サランヘヨ♡
門限があるので帰りまーす！
チカコ フェロモン ムンムン
まあ！
ムンムン
チカコフェロモン
チカコフェロモン
For you!
あんだよー
…
でも彼には
ボクが会社に行っている朝8時20分〜夜11時の間、7才年下の妻は5ヶ月の赤ちゃんの世話を1人でして可哀相なんだ
ボクが帰宅すると妻はボクに赤ちゃんを渡し、自分はさっさとゲームをしちゃうんだ！
こんなに疲れているボクに赤ちゃんを渡すか？ ボクを殺す気か！ ボクに自由はないのか！
タラリラ〜 ラリラ〜
うわー 奥さんからの電話だー
妻と赤ちゃんと悩みがあった

釜山からソウルへ出稼ぎに来ているアジョシ

屋台≠安い

ポジャンマチャとは屋台のこと。今回、私が行きたい屋台は、夜にお酒やおつまみを売る簡易居酒屋のポジャンマチャ。言葉もわからん観光客が飲み食いするとボラれると聞いたので、テギュンさんたちと楽園商街近くのポジャンマチャへ向かうことにした。

屋台＝安いとイメージしていたのに、ポジャンマチャは決して安くはなかった。ガーン。だから学生のリンちゃんも今日が初めて。確かに見渡すとサラリーマン風の若い男性、アジョシばかり…。韓国で安く飲むなら、居酒屋へ行くか、「お酒を買ってきて、教室（家）で飲む」（byリンちゃん）なんだって〜。

検証、日本人は本当にモテてるの？

韓国人男性は日本人女性に好印象を持っているけど、何でだと思います？

韓国人男性が求めるもの

●コリアン・ビューティー

黒髪ストレート
大きな目
高くスーッとした鼻
キレイな歯並び＆白い歯
カワイイ＜美人、セクシー
×ただ細い
○ナイスプロポーション
誉めるときは「美しい」もしくは「セクシー」で
日本人男性が好む日本人女性の美とはだいぶ違う気がする

●ジャパン・ビューティー

優しそうオーラ
八の字マユ
たれ目
えっ
私の顔が韓国の女優に似ていたからモテてたんじゃないの？
ムッ
ハイ、残念ながら…
日本人＝優しい
会社で日本人女性からの電話を取ったときから日本人女性が好きになりましたね
声が優しくて美しかったです♡
安さん、それは営業用の声ですよ
韓国の若い女性もカワイイ声してるじゃん
アニヨ！朝から同僚といい争いをしているんですよ
日本人には
美＜優

モテないワケ

当たり前ですが、日本人なら誰でもチヤホヤされるワケではありません。

●外見の問題
ヘボオーラ
ヘボー
ヘボー
ヘボー
●中身の問題
チカコさんが帰国したら急に具合が悪くなりました。フラフラして倒れそうです
チカコさ〜ん

韓国人の目からは
ガイコツ体型
大不評
細すぎ！
こんな体型芸能人しか通用しない
BOO BOO BODY
パスタは太るぞー
食え、食え！
初めてくまちゃんを見たとき、ガイコツが歩いて来たと思いましたね
ゴハンたくさん食べないからですよ
優しさ0《ゼロ》
いえー!!
今日は取材なんだから絶対つきあってもらいます！
倒れるのは明日からにして下さいね！
ブチッ！

イメージ先行

何人かの韓国人男性の意見を総合すると、日本人女性＝優しい。内面1番、外見2番ってカンジ？　というかイメージ先行ってカンジ…。だからイメージから外れた私は、恋のお相手として『規格外』。全くモテないどころか、老若男女の韓国人から体型批判から食のアドバイスまでされる始末（笑）。タイでは標準体型なのに、ブツブツ。

人の好みは千差万別。好みの多様化が広がる昨今で、一概に断定するのは難しい。でも、国民的な美の基準が、存在すると思う。韓国なら男性はモムチャン《筋肉美》、女性はセクシ～、日本なら男はオルチャン《美形》、女はカワイ～、ってなカンジでね。

酒ゲー

〜酒の席でのゲーム〜

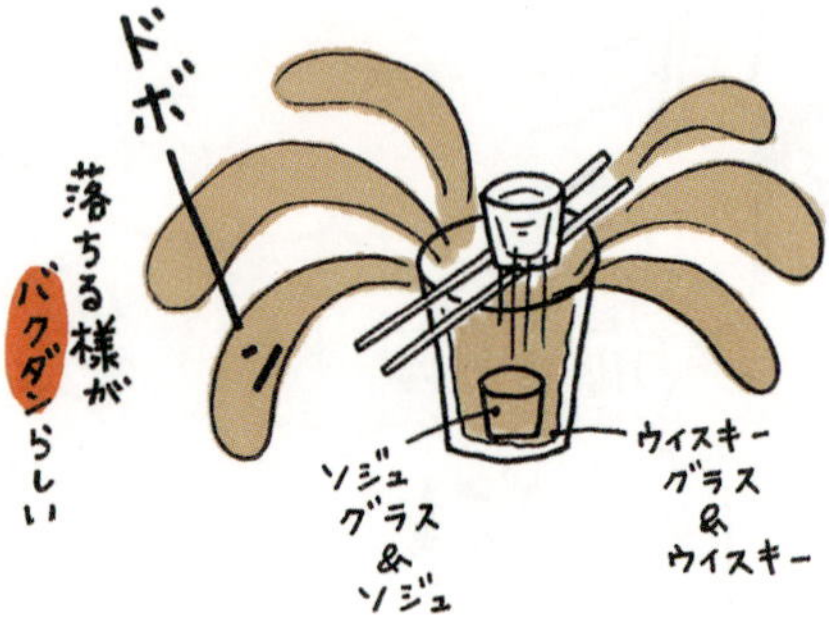
ドボーン
落ちる様がバクダンらしい
ソジュグラス&ソジュ
ウイスキーグラス&ウイスキー

バクダン

順番に箸を引いていき、グラスをコップの中に落とした人が負け！

ぷかぷか
沈んでいく様がタイタニックらしい
ぶくぶくぶく
ソジュグラス&ソジュ
ビールコップ&ビール

タイタニック

順番にソジュを注いでいき、グラスをコップに沈ませた人が負け！

韓国には、こんなゲームが何十種類もある
もちろん、負けた人がこれらをイッキする

Part 5

びっくりちゃっかりコリアンビューティー

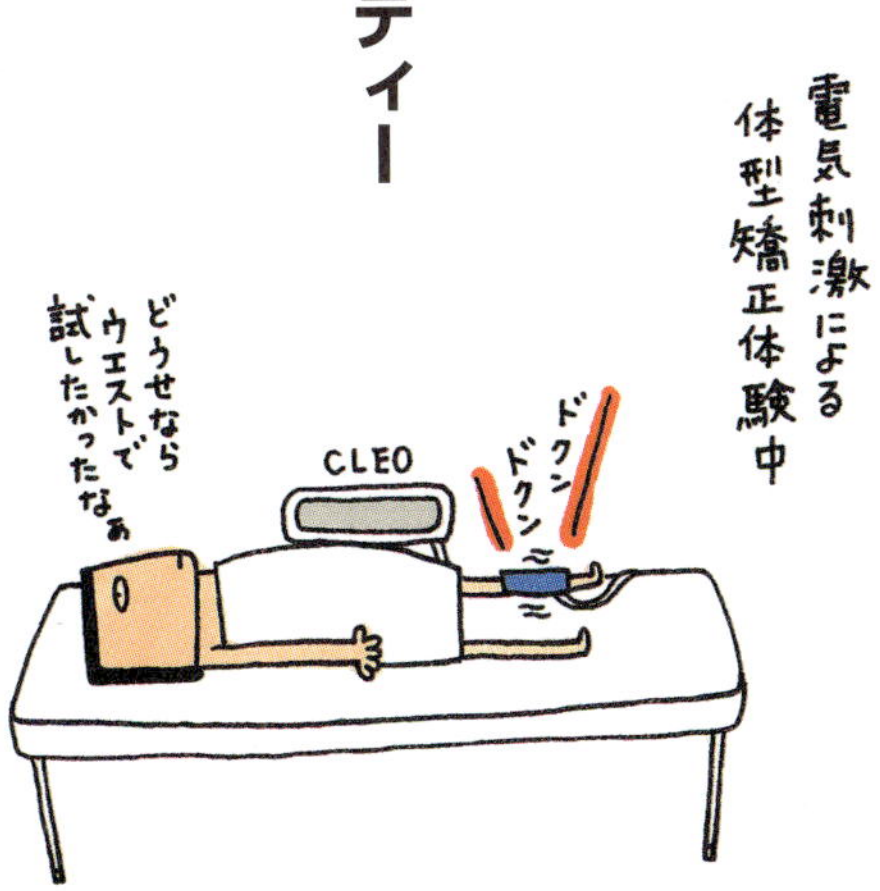
電気刺激による
体型矯正体験中
ドクン
ドクン
CLEO
どうせなら
ウエストで
試したかったなぁ

お風呂大好き♨

いたれりつくせり 観光客向け汗蒸幕《ハンジュンマク》

日本語…★★★★★
サービス・内容…★★
料金…88000W（産毛抜き含む）
清潔感…★★★★★
韓国ローカル臭…ゼロ
また来たいわ〜…１度でいい

韓国といったら焼肉、ヨン様、汗蒸幕！

満足度が高いほど★の数が増す
５つ★評価

垢スリ
垢スリアジュンマといえば黒いブラ＋パンツ
汚ない
角質取る？
結構ですっ 角質どころかカカトがなくなるわい
アジュンマパワー
オプション・産毛抜き
産毛のジャングル状態で抜き甲斐があった
達成感
フー
ピーーン
お前たちが抜いたのは産毛ではなく毛髪だ
肌の負担になるからやらないほうがベター（byヘーギョン）
境目がくっきりしているのでヅラのよう
産毛はそのまま

日本人観光客御用達

3泊4日の初韓国ツアー最終日の夜11時。

「汗蒸幕をやらずに日本へ帰れるか〜！」

しかし、ホテルのサウナ↓P170は既に終わっていた。うむむ…。

観光客の特権（送迎、割引き）を活かして向かった先は、日本人観光客御用達汗蒸幕、JJマッド汗蒸幕。ここのウリは、店名にもなっている良質の天然泥を使ったマッドパック。オプションが充実しているので、あなたが受けてみたいと思っている施術もきっとあるはず！

評価は、バタバタの1時間半で全くくつろげない&観光客価格がマイナスとなって、『一度行けばいい』になった。

サウナ
垢スリの後、玉サウナに入ったら韓国人がいた
肌の美容と健康に◎
学生？
いいえ
あらそうなの Missに見えるわよ
スミマセン、いい年こいて私、Missなんです…
私は今日1日、日本人の友だちのドライバーとしてあちこち回って、ここに来たのよ
垢スリアジュンマにロッカーキーで髪を結ばれた
1人で韓国に来たの？
いいえ 友だちとツアーで
Friend? Boy friend?
女友だち
……
韓国人的には女友だちがいるのに1人でここに来ている私が不思議らしい

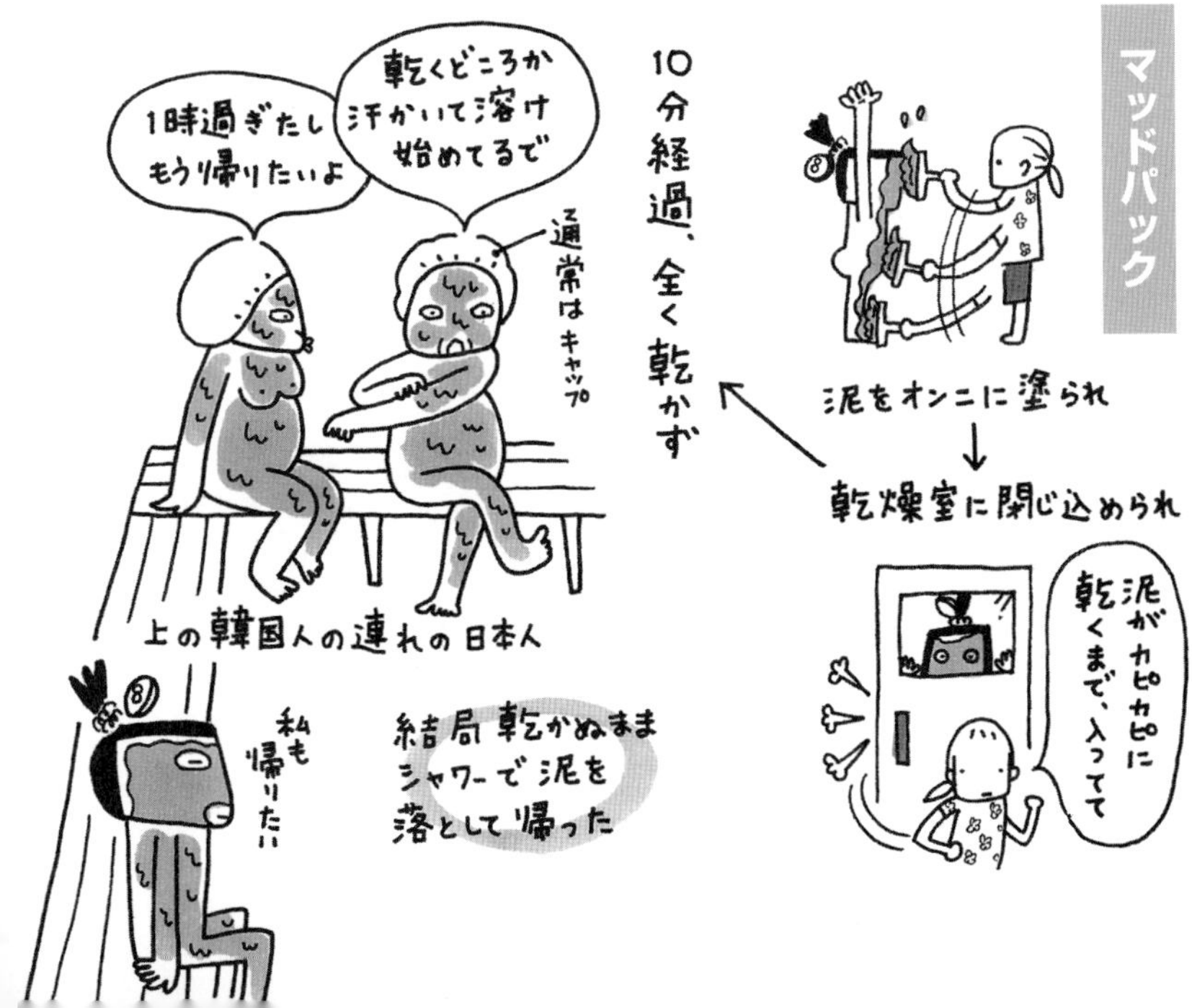
マッドパック
泥をオンニに塗られ
↓
乾燥室に閉じ込められ
泥がカピカピに乾くまで、入ってて
10分経過、全く乾かず
乾くどころか汗かいて溶け始めてるで
1時過ぎたしもう帰りたいよ
通常はキャップ
上の韓国人の連れの日本人
結局乾かぬままシャワーで泥を落として帰った
私も帰りたい

お風呂大好き♨

スーパー温泉級 議政府《ウィジョンブ》のチムジルバン

日本語…不可
サービス・内容…★★★★★
料金…たぶん良心的（ヘーギョンさんお支払い）
清潔感…★★★
韓国ローカル臭…★★★★
また来たいわ〜…★★★★★

アルムダウン医院向かいにある極楽♪

浴室スペース

●衝撃映像

堂々
オイ!!
って、
コソコソ
生理中に利用して申し訳ないなあ
タンポンのヒモ（笑）
パンツはいたまま ナプキン入浴
しかも透け透け（笑）
そういえば売店で
タンポン？
あ、コレ？
艶めかしい下着
シャンプー&リンス
歯ブラシ&歯磨き粉
卵
様々なパック
垢スリミトン
韓国ではナプキン入浴はアリなのか？
ナプキンじゃ風呂に入れないじゃん
←予備のタンポンを買いに来た

●韓国仕様

風呂場に飲食物持ち込み放題！
洗い場
裸のまま入るサウナ
ぐびび
牛乳
もぐもぐ
ザパーン
キュウリ
水風呂
水風呂
ポイッ
みかん
ゴミ箱
スナック菓子
物凄い設計ミス
本来の目的は滝に打たれるではなくジェットに当たること
ザバー
ここまで飛ぶかね
全く気にしていないヘーギョンさん
ジェットに集中出来ない
水のようなぬるま湯

チムジルバンとは？

麦飯石《メッパンソッ》や玉石《オクトル》などの鉱石を高温で加熱し、石から発散される熱で室内を暖め、Tシャツ&短パンでゴロゴロする低温サウナのこと。男女共有スペースが多く家族やカップルで利用しやすいため、韓国人にとっては汗蒸幕よりも馴染みがある娯楽施設。ソウル郊外のほうが、大型チムジルバンがあって楽しい。

食堂で一休憩

1チムジルバンの定番飲料、シッケ！ シッケの甘さと氷りのシャリシャリ感がウマ〜　2チムジルバンの定番食、ミヨッ クク《ワカメスープ》！ 1ボール1人前。ゴハンと比べると…too much!

汗蒸幕
ママー
パパー
ドンドン
子供には
高温すぎるので
立入禁止
あなたは日本人？
結婚して、ここに
住んでいるの？
フー
日本人は
ヘーギョンさんの
患者さんだけ
1人で
ウロついてたら
そー思うよね
ヨボセヨー
高温サウナに
ケータイ電話
持ち込むかー？
故障するぞー

チムジルバン スペース

ここのチムジルバンは、全てドーム型。凝ってる～！

ひとり
遠赤外線

トルマリンの部屋
イチャ
イチャ

塩の部屋
アチッ
アチッ
真夏の砂の上を
歩くような
焼ける熱さ

セラミックの部屋
シナモン
大好き
束の
シナモン
くさー
くさー
くさー
おなか
あったか！
塩
痛くて
寝れない
シナモン臭充満！
…がアダとなってか
貸し切り状態♡

氷の部屋
くかー
強者だな
さぶ
さぶ

寄ってくる男

男女一緒のチムジルバンには、触ってくる変態や背中合わせにピタッとくっついてくる変態がいると聞いた。まさかこれが、ソレ？

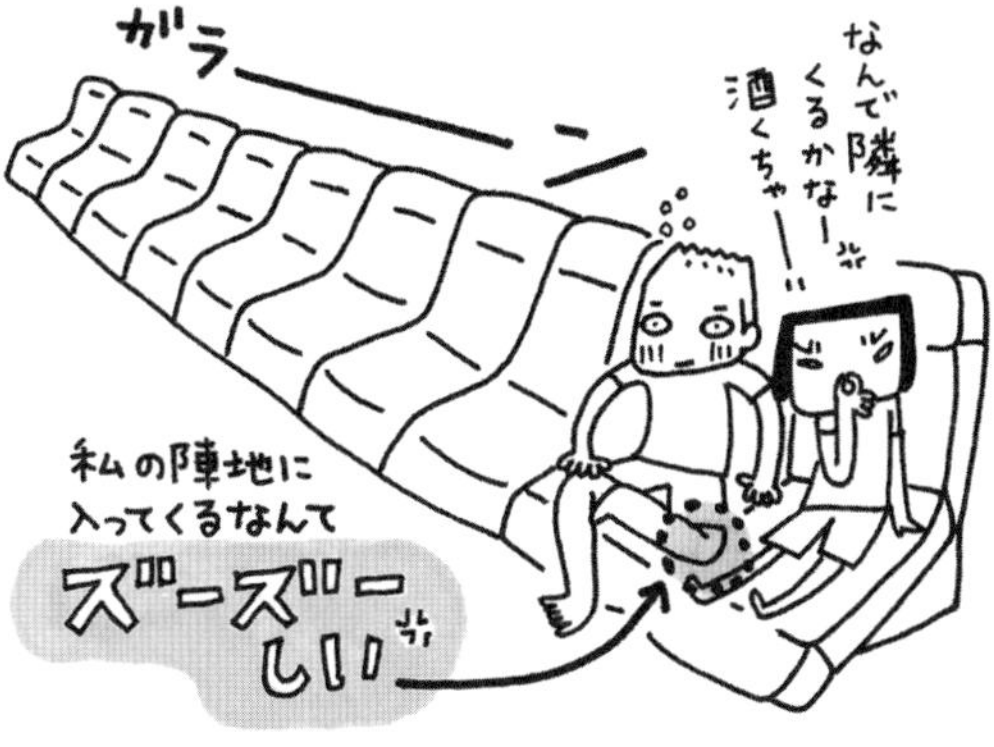
ガラ―――ン
なんでくるかなー
隣に
酒くちゃー！！
私の陣地に
入ってくるなんて
ズーズーしい

思い思いに就寝

くかー
ベンチに
器用に寝る人
女性専用
就寝室
風邪ひく！
ゴ
ガ
グ
オンドルじゃないし、
毛布もないし、
汗を吸った
生乾きの服で
極寒
ボエエエエエエエエエエ
24時台はドラマ
だったのに
1時すぎたら演歌に。
スー
スー
床に直寝
踏み
踏み
彼女を踏んで
（マッサージして）
喜ぶ彼氏
畳床
まくら
オンドル床の
休息場所
ほかほか
父と子
マット

お風呂大好き♨

全然セレブじゃない江南《カンナム》のチムジルバン

日本語…不可
サービス・内容…★
料金…8000w（割引価格）
清潔感…★
韓国ローカル臭…★★★★★
また来たいわ〜…もういいっす

ここは本当にセレブの江南なの？

浴室スペース

芸能人はおろか 若い人も ほとんどいない
ドッダーン バッターン ドッダーン バッターン
カー
髪、タオル 湯船に in
初チムジルバンが ここっていうのは キツかったかー
薬湯
湯船に in? out? ビミョー!!
ペッ
水のような ぬるま湯
自宅状態 ズラーーッ
MILK
ただの飲料水? それともゲ…?
汚なら!!!! マナーが なってない
チカコちゃん

マイペースな浴室スペース

江南の飲食店でテギュンさんが貰ってきたチムシルバンの割引券。オッサレ〜な江南でチムシルバン。どんだけセレブ〜な体験ができるのかしらん♪と胸踊らせて行ったら、今までに体験したことがない庶民っぷりだった（泣）。金かえせ〜！

設備は充実しているんだけどねぇ…

ブラックとミラーを基調とした室内は、さながら高級ジム？

サウナの他にゴルフ、ジム、テコンドーのコースあり。地下鉄2号線宣陵《ソンヌン》駅出口4番、ルネッサンスホテル周辺。TEL：02-566-0008

ヨモギ蒸し

全行程40分!
10000₩
ぐつぐつ もくもく ヨモギ臭
ペーパー
まずい茶
ヨモギ臭
くんくん
ヨモギ臭
1 発汗促進のため茶を飲まされる
2 頭までスッポリかぶる
ヨモギくっさ〜♡
一気に発汗!
これでお顔もツルツルに
3 おまた焼き
アチッ、アチッ
低温ヤケドする〜
パタパタ
オンニの許可が出たら立てひざをして温度調節
4 顔に黒蜜パック
カタコトの英語で世話を焼いてくれたお客
さらにお顔ツルツルよ
ウマッ
係のオンニがやり方からおまたの様子(笑)まで見てくれる!

男女で雑魚寝

ゴー
グ
プッ
ガーゴーォ
いびきの大合唱
オンドル床でぬくぬく
くかー
くかー
ゴー
こんなところで落ちついて寝てらんないわ
ガー
ガクッ

お風呂大好き♨

一応何でも揃ってる安国の沐浴湯《モギョックタン》

日本語…不可
サービス・内容…★★
料金…3500w
清潔感…★★
韓国ローカル臭…★★★★★
また来たいわ〜…★★★

3500Wなんで、こんなもんでしょ（笑）

これぞ、ザ・庶民の湯

沐浴湯とは、韓国の銭湯のこと。チムジルバンとの違いは、男女別の窓口で入場料を払うってとこ。あ、文字が読めなくても大丈夫。男湯に向かえば誰かしらが絶対声をかけ、正しい入口に導いてくれるから（笑）。

浴室スペース
ドッダン
バッタン
ブヒ
ドッダン
バッタン
カー
ペロ
水風呂
完ペキ
湯船にin!
ガラガラガラ
出入口
垢スリ
スリスリ
垢スリアジュンマ
ブラは乾燥中
若いお母さんと
日韓
垢スリ交流
一人者同士
お互いの背中を
洗いましょう
日本人的には
これくらいの熱さが
欲しいよなぁ
洗い場
スリスリ
ママー
30℃前後
風呂
20〜15℃
熱過ぎて誰も入らないから、ますます
とんでもない熱さに…
裸で入る
火あぶりサウナ
小さい頃から垢スリをしているだけあって ウマイ!
痛くないのに
肌ツルツル!

チムジルバン?・スペース
女湯の入口に置いてあるガウンを着て入る
チムジルバン
マッパ
靴下や下着乾かしている
せっかくの炭も台無し
お客の所有物ズラ〜ッ
ロッカー
女湯入口
これなんてどーだい?
乾くヒマなし
1コしかない
レストマット
ペカー
セルフサービス(笑)
おひとり様遠赤外線
使用済タオルやガウン
物売りハルモニ
休憩所
浄水器
もぐもぐ
ぱくぱく
もぐもぐ
おかず
キムチ
ゴハン
食事スペース?
ヨーグルト、牛乳飲みかけの茶など
冷蔵庫
こんな狭いスペースでゴハンを食べる人々
店の人なのかお客なのかわからん

アルムダウン医院で美肌、美顔、ダイエット♪

決して交通の便が良いとはいえない場所にありながらも、多くの日本人観光客がリピーターになるその魅力とは？

施術までの流れ

①受付。「お待ちしてましたよ～」ヘーギョンさんが笑顔でお出迎え

トイレ。お洒落な空間演出

②待ち合い室。ここでヘーギョンさんとしばし談笑。女友だちに話す感覚で、悩みを吐き出そう

梨花似の医院長夫人、ヘーギョンさん。日本人患者のアテンドを１人でこなす

日帰り肌管理（エステ）

1 問診
モニターで肌をcheck
シワが気になる
角質を取ったあとピーリングとリフティングをしていきましょう

2 アロマスパ
20分入浴
TV

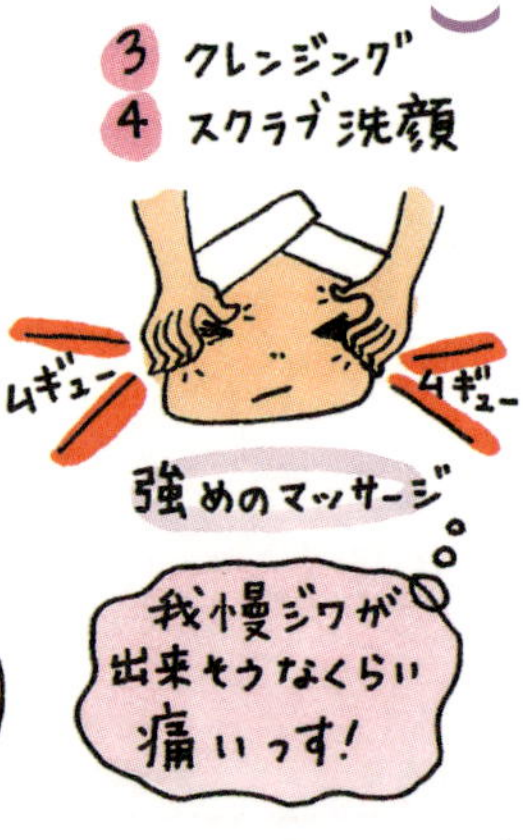
3 クレンジング
4 スクラブ洗顔
ムギュー
ムギュー
強めのマッサージ
我慢ジワが出来そうなくらい痛いっす!

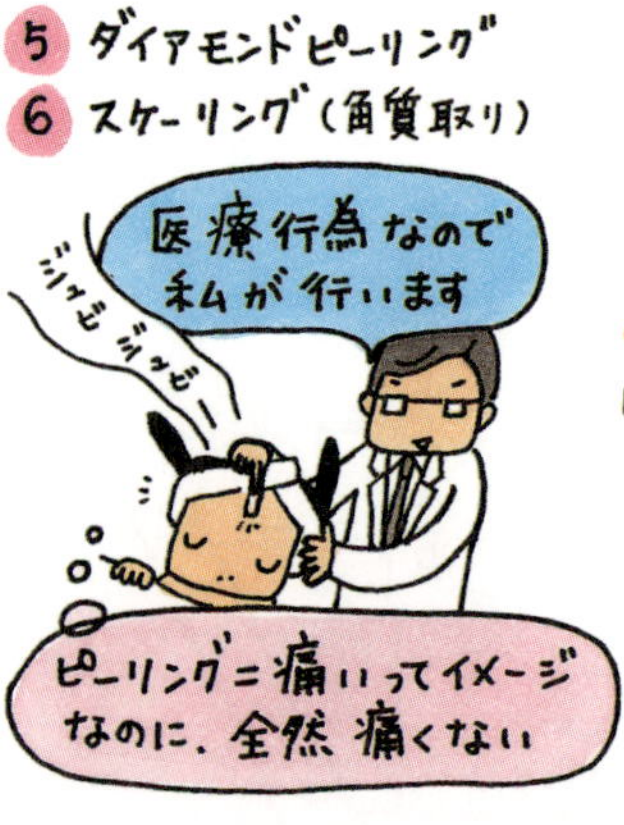
5 ダイアモンドピーリング
6 スケーリング（角質取り）
医療行為なので私が行います
ジュビジュビー
ピーリング＝痛いってイメージなのに、全然痛くない

URL：http://www.bcb4u.com/　e-mail：bcb4udr@hotmail.com（日本語可）

③問診室＆医院長室。1人1人に合った施術内容を決めていきます

④スパ。日本人患者は施術内容に関係なく、サービス

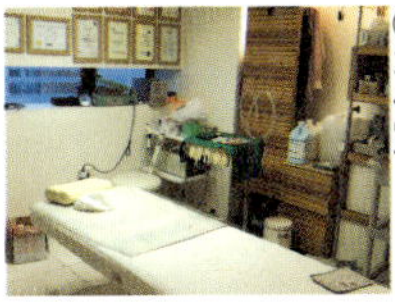

⑤オペ室

⑥最新の機械を導入した肥満施術室

1CLEO　2ALICE

ロッカー＆メイク室

キム医院長。超無口です

7 シルクピブロイン
(リフティング効果パック)
ピリピリピリ
ハケで塗ること3回
ゼータクな20分!
乾燥してくるとピリピリしてくる

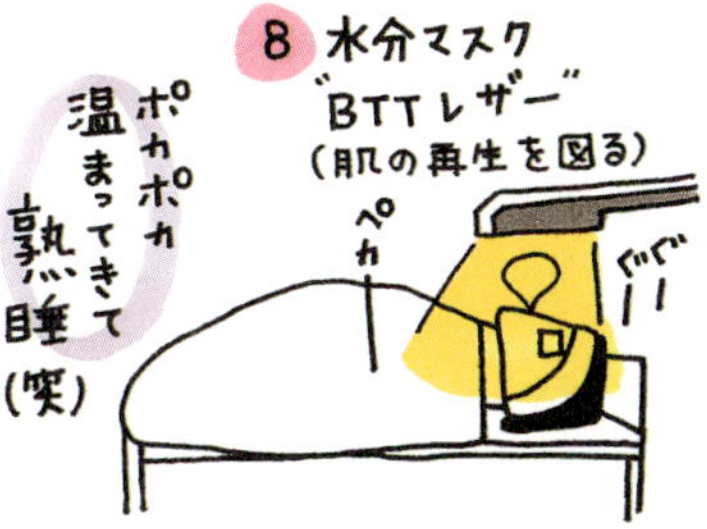
8 水分マスク
"BTTレザー"
(肌の再生を図る)
ペカー
ポカポカ
温まってきて
熟睡(笑)

こんなの初めて♡
施術3~4日後
日本にあったら定期的に通いたいっっ
プルプルしっとり
笑っても小ジワなし
明るい肌
日に日に肌のキメが整っていき、
約2週間、美肌をキープ

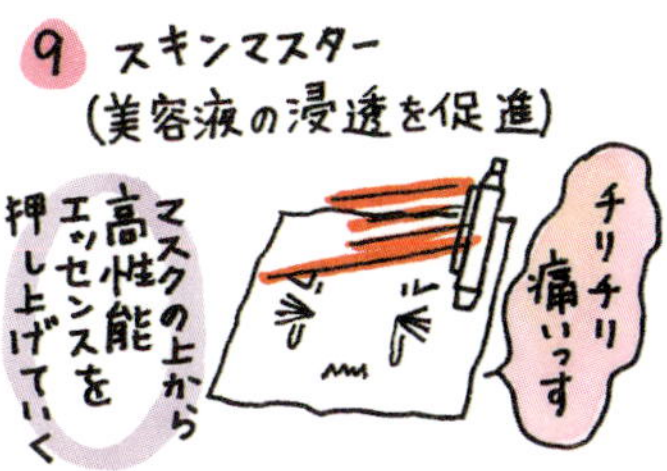
9 スキンマスター
(美容液の浸透を促進)
マスクの上から高性能エッセンスを押し上げていく
チリチリ痛いっす

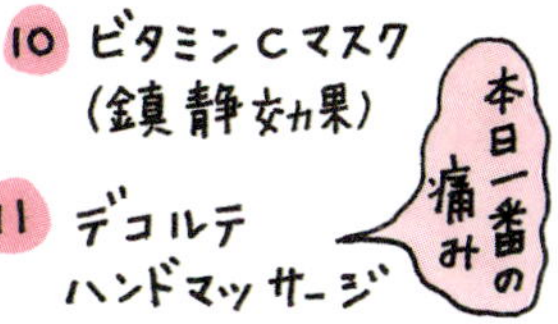
10 ビタミンCマスク
(鎮静効果)
11 デコルテハンドマッサージ
本日一番の痛み

TEL：031-856-4004　+82-11-9190-7944（ヘーギョンさん直通）

営業時間：10:00～21:00（平日）/ 10:00～17:00（土曜日）

議政府って、どこよ…

アルムダウン医院はソウル郊外、部隊鍋《プデチゲ》で有名な議政府市にある。地下鉄1号線・議政府駅で降りて、更にタクシーで10分。

肌管理、肥満管理、頭髪管理、プチ整形、アートメイク…施術内容は整形通りの江南と変わらない。観光客がわざわざ遠くから訪れるほどの、特別な何かをしているわけではなさそう。なのに、このクリニック、日本人観光客が多い。リピーター率も高い。なんでだろう?

取材を申し込んだキッカケは、こんな疑問からだった。

アットホームな内容

江南でも非常勤医師として執刀しているキム医院長が、2003年に開業した、アルムダウン医院。江南と同じレベルの技術で江南より安い価格で施術が受けられる。

「エステ、フンフン♪」

エステサロン感覚で来た私は、白衣を着たキム医院長と問診室で対面したとき、正直ビビった。

「整形されちゃうのかしら?」

その不安は見事にハズれ、キム医院長は、肌の状態と要望に合った施術を選び、美顔エステのコースを組み立てた。さすがクリニック、その効果は凄かった。

日本人観光客の施術コースは、日帰りと宿泊コースがある。宿泊コースの宿泊先は、なんとキム医院長宅。そして、どのコースにも必ず昼食と『ヘーギョンさんと一緒に○○』というお楽しみが含まれる。○○の中は、近所の大型スーパーhome plusでの買物だったり、チムジルバン→P140だったり、施術日数や患者の希望によって内容をアレンジしてくれる。

ヘーギョンさんの魅力

あんなに日本人と密に接した生活を送っているのに、全く日本人かぶれすることなく（笑）、天真爛漫かつケンチャナヨ精神、韓国人の情で、日本人患者の面倒を見るヘーギョンさん。最初の頃はそんな言動に驚いたり喜んだりしていた私も、アルムダウン医院の魅力にハマり、渡韓する度に訪れるようになり、お世話になる日数も増えていくうちに…慣れた（笑）。

肥満管理コースに一日密着

キム医院長宅に宿泊してダイエットに励む、患者さんたちの様子を一日追ってみた

早朝ウォーキング

緑と坂がいっぱいのご近所を30分間、ウォーキング。当クリニックでは帰国後も1日30分のウォーキングを推奨している

山のふもとにあるキム医院長宅

宿泊患者の部屋から見た眺め

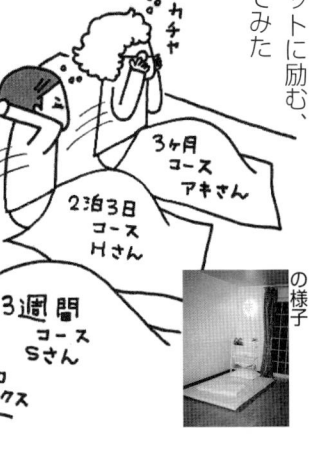

夜中にタクシーで来たとき道に迷って、運転手が人に道を聞こうとしたら、人はおろか家も周りになかった（笑）

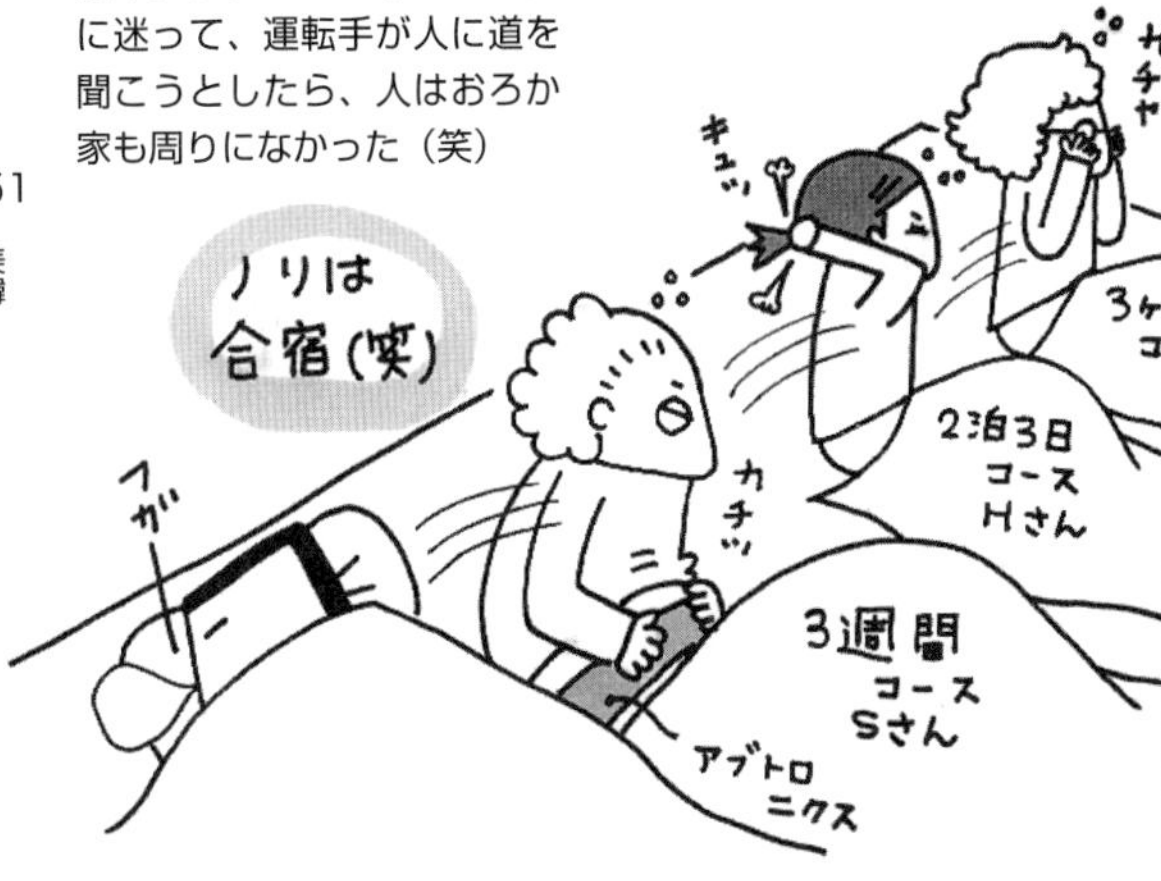

カチャ
キュッ
3ヶ月コース アキさん
2泊3日コース Hさん
カチッ
ノリは合宿(笑)
フガー
3週間コース Sさん
アブトロニクス

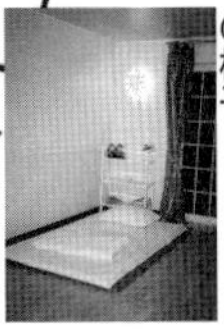

宿泊患者の部屋。1人で使ったときの様子

一番人気の肥満管理コース

日本人観光客の一番人気が、この肥満管理コース。スパ、経穴マッサージや超音波、食事&運動指導、脂肪分解注射など、キム医院長がエステ同様、滞在日数に見合ったプログラムを作成。

1回目は短期コースで半信半疑で施術を受ける日本人観光客も予想以上の効果に感激し、2回目以降からは長期コースに切り替え、本格的にダイエットに挑むケースが多い。きちんとプログラムをこなしていった患者は、確実に体重を落としていく。

長期コースの患者は、ついで（笑）肌の管理もしてもらえるので、彼女たちの肌は常にピッカピカのモッチモチ〜。

運動

午前中、長期滞在者組は、アルムダウン医院近くのスポーツジムで運動。

昼食

ダイエット食は取らない。

油っこいチャジャンミョンだってOK!
我慢しない
ただし2人で1つ

チョングッチャン（納豆）チゲ
パップ
焼き魚
卵で絡めたキムパップ
まいたけの油炒め
ペチュキムチ
ケンニップ
キム医院長宅での朝食。ボリューム満点、心もお腹も脳ミソも大・満・足

脂肪分解注射

2泊3日コースのHさんの悩みは下半身太り。運動や食事指導では限界がある部分ヤセは、脂肪分解注射で解消。

まるでマンガに出てくるような太い注射
ジュー
ブスッ
ブスッ
ブスッ
ブス
ブスブス
ブスブス
セルライトの蓄積が長ければ長いほど注射が痛く感じる
小学生以来のセルライト
ヒィ～痛っっっ
神様これからはセルライトをためないようにしますっっっ
見てるだけで痛い

注射後、マシーンでアフターケアーを施すことで、より細くなる

シンデレラ・ストーリー

3ヵ月コースで、2ヵ月間チョイが経過したアキさんの、ウソのようなホント話。

体重管理コースでやって来たアキさん(29)
2ヶ月でマイナス
10kg減
メガネが落ちる
ウエストゲット
たまたま夕方、アルムダウン医院にやってきた業者と
まいどー
ケータイ番号、交換しませんか?
知り合い
ハングル上達
即、交際
サランヘヨー
彼氏ゲット
2週間後には
婚約
当然、親には事後報告(笑)
夫ゲット
肌管理で(ついでの)肌ツヤツヤ
美白&美肌エステ
ホクロ消去
ピアス
ボトックスでエラを細く
毎日のラブコールで心ツヤツヤ
オッパ
人生、どこでどーなるかわからないものです

つーことで今日は海岸デートなのね
スゲー
オンニ、ちょっと可愛過ぎない?
韓国でデジタルパーマをやったらアジュンマ頭になった(笑)
ピンクのスカートとかレース使いのトップスとか女の子らしいカッコしないとデートにならないでしょ!
ジーパン、トレーナーなんて絶対、ダメ!
デートの服を毎回、考えるヘーギョンさん

実録、私の顔からシワとタルミが消えるまで
～キム医院長考案、ミラクルリフトでプチ整形～

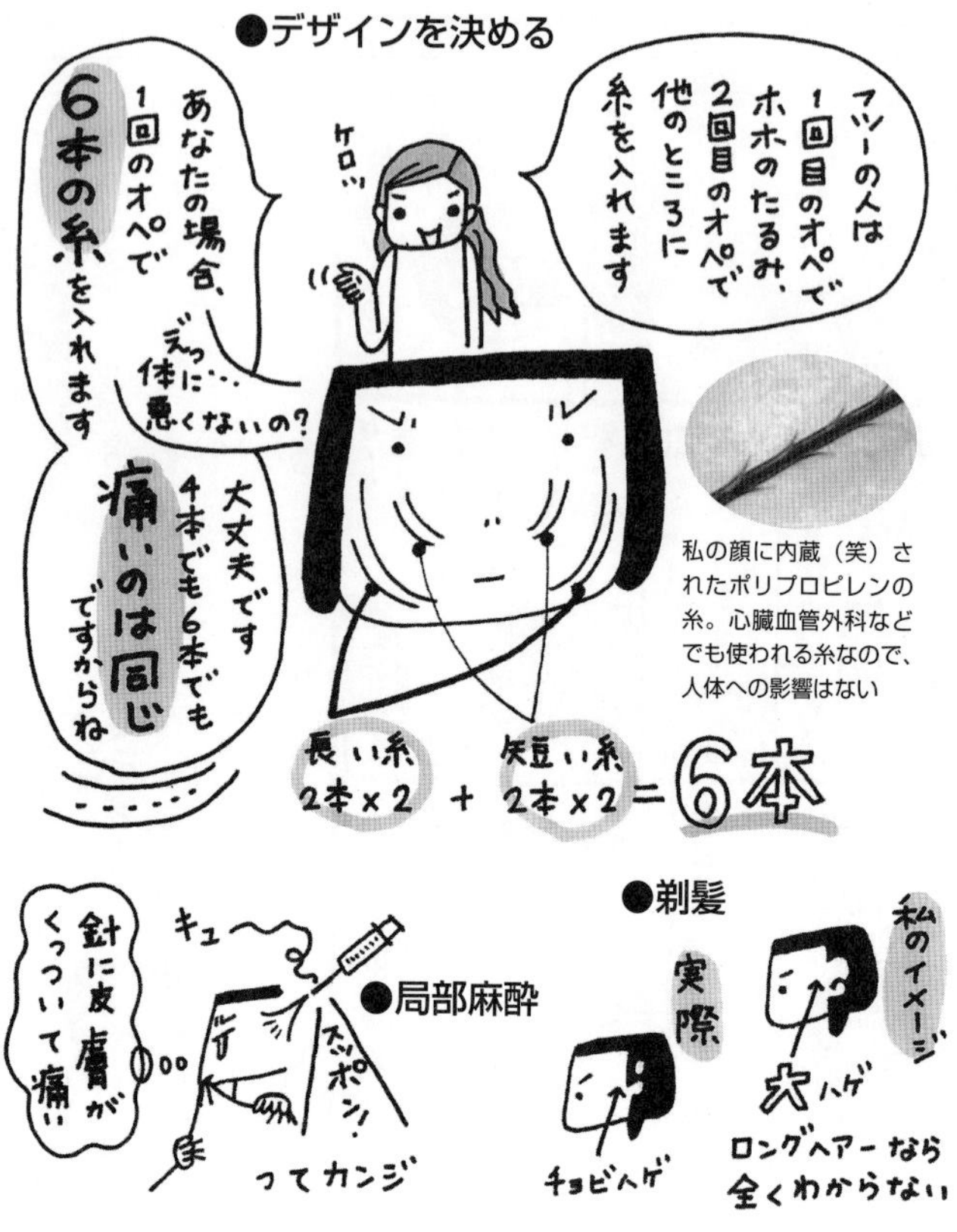
●デザインを決める
フツーの人は 1回目のオペで ホホのたるみ、 2回目のオペで 他のところに 糸を入れます
ケロッ
あなたの場合、 1回のオペで 6本の糸を入れます
えっ 体に悪くないの？
大丈夫です 4本でも6本でも 痛いのは同じ ですからね
長い糸 2本×2 ＋ 短い糸 2本×2 ＝6本
●剃髪
私のイメージ
大ハゲ
実際
チョビハゲ
ロングヘアーなら 全くわからない
●局部麻酔
キュ～
スッポン!!
針に皮膚がくっついて痛い
ってカンジ

私の顔に内蔵（笑）されたポリプロピレンの糸。心臓血管外科などでも使われる糸なので、人体への影響はない

シワ、たるみ、顔が疲れている

たびたび本の中で登場してきた『中国人顔、くまくま』。なぜ中国人顔になったかというと、キム医院長が考案したミラクルリフトという、メスを使わないフェイスリフトを施したから。そう、私、プチ整形しちゃいました～（爆）。

2～3年前から気になりだした法令シワ。２００４年の来院で、マジックリフトを薦められたものの、怖いので断った。

マジックリフトとはシワの根元になるSMAS層に特殊な針で糸を挿入し、その糸が肌に絡まることで、シワを伸ばし、コラーゲンの活性化を促し、ハリとツヤができるという施術法。

あれから1年後、法令シワ＋

●オペ開始

※私のイメージ画像でお楽しみ下さい

1 糸を入れる
ギュッと入れて
シュッと抜く
2 デザインする
ギュー
ポキッ
ギュー
ポキッ
これが一番痛い
固めるテンプルを
固まりきる前に
素早くブロック状に
壊していくカンジ
つまんで、ひねって、ポキッ
これを口元から耳に向かって
細かい単位でやる
3 糸をひっぱって、結ぶ
きゅっきゅっ
イテテ…
リフトアップされてる
ってカンジ！
くまくま
you'er a
good patient!
大人しいね、偉いぞ
シーツの下
ギュー
ヒーン
ギュー
泣いていた（笑）
痛くて飛び蹴り寸前だったけど、
暴れたり叫んだことで
オペが失敗したらイヤだから
必死にガマンしていた

タルミも気になり出した。今度はミラクルリフトを薦められた…ってなんやねん、それ？

メスを使わないフェイスリフト

ミラクルリフトとは、前述したマジックリフトと原理は一緒。マジックリフトがただ糸を通すだけなのに対し、ミラクルリフトは二重に通した糸の先を結ぶことでリフト力を固定させたというもの。日本で、アプトス、ワプトスと呼ばれている施術に近い。

当クリニックでは2004年1月からこの施術を実地。2005年夏からは、毎週土曜日に韓国の医師たちに講習会を開き、ミラクルリフトの指導にあたっている。

強者患者の武勇伝
怖がりの痛がりなのによく頑張りましたね
あなたは何やっても痛がりますからね
あなたのように痛くて口が開かない人もいれば、オペ後すぐにフツーにゴハンをモリモリ食べる人もいます
オペ前は不安で青くなっていたのにオペが始まった途端、寝た人もいました(笑)
食うだと!? 糸ブチ切れるぞっっ
中年女性はこれ以上の痛みを知っていますから強いんですよ
寝てもいいですよ
痛くて寝れるかっ
てアジュンマは寝れるのか
あのポキポキ中に寝るだと!? ありえないっっ

オペ実況中継

ミラクルリフトの総本山（笑）で、オペをすることにした私。

美容整形の広告にありがちなビフォー写真を撮ったあと、マーキング。いよいよ自分の顔に何が施されていくのかが、否応なく体感できる、局部麻酔・逐一ライブ（笑）がスタート！

顔を引っ張るのがキム医院長の仕事なら、この痛みに堪えるのが私の仕事。皮膚をつねられながら糸を調整していく痛さといったら、もうイ〜ッ！

痛みに堪えた30分弱、無事にオペ終了。術後すぐに出来たてのホヤホヤ・ニューフェイスを鏡でチェック。モーテルに戻ったあとも、驚異的な上がりっぷりと噛めない状態に驚きつつ

包み隠さず報告

くまくまー!
右に比べて左が少しだけ上がらなかったみたい
ダダッ
えぇっ
でも、心配しないで!ボトックスで調節する方法もあるからね!
マジメないい先生だなぁ

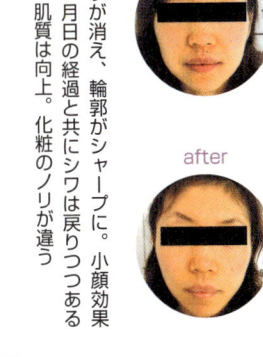

before

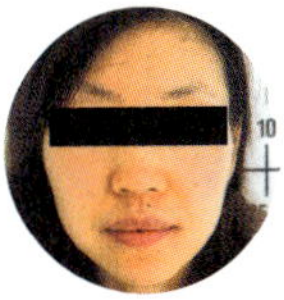

after

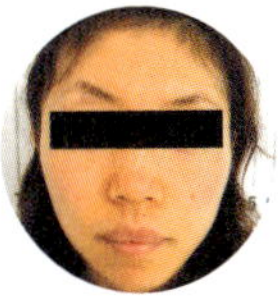

法令シワが消え、輪郭がシャープに。小顔効果もあり。月日の経過と共にシワは戻りつつあるものの、肌質は向上。化粧のノリが違う

1週間後、抜糸

食べやすいようにしてあげますよ
チョキチョキ
私のだけ鳥のエサみたい
ハーイ☆小鳥ちゃん、お食べ
…
他の患者さんの分
デニッシュパン
15時のオヤツ

〜糸が切れないための注意点〜

●抜糸前
・大きな口は開かない、
・ゴルフなど、歯を食いしばるスポーツはしない
・禁酒(酔うと注意散漫になるから)
・サウナ

●施術後2ヵ月で糸が定着するので、それまでは無理に口を開かない。(経験者の助言として、歯医者は施術前に行くことをお勧めします)

●施術後2週間を過ぎた頃に少しひっぱられ、徐々に輪郭が下がっていき、1ヵ月でナチュラルな仕上がりに

も、翌日にはフツーに外出。

オペから数カ月経過。想定内のほほの下がりで、ナチュラルな仕上がり。…なので私がオペしたなんて誰も思っちゃいない。う〜ん、なんか残念(笑)。

痛いのイヤ、傷跡が残るのイヤ、いかにも私整形しましたもイヤ!リスクと大変化を嫌う日本人向きの施術、それがミラクルリフト。とはいえノーリスクなオペはこの世に存在しないので、医師の美観に共感できるか、その医師を信頼し身を任せられるかどうか…など、入念な検討が必要。

抜糸前、ソウル市内を徘徊する私を心配して、電話をくれたキム医院長。患者に対する実直な姿勢と優しさが魅力の先生。

整形はフツー？

キル
くま、その大きな目、ホンモノ!?

ミンソ
くま、整形してる!?

←こういう質問は、まず日本ではされまい→

あっさりカミングアウト

就職活動で印象をよくするため、娘が母親に還暦のプレゼントとして、または母娘で仲良く来院
韓国女性は整形する人が多いって聞いたんだけど…
聞きづらいけど聞いちゃおっかな！
ホント!?
ハイ
あー、私も 二重まぶた やってますね
え゛え゛ーっ
やった当時は友だちもビックリしてましたねー
母は反対はしませんでしたけど 父は大反対で、オペをした後も怒っていました
整形に対する考え方は その家庭、家庭によって かなり違いますよ
フツー、初対面の人間にバラすかー!?(笑)
整形に対する後ろめたさが薄い証拠!?

おなご改造計画

ある夜、TVを見ていたら
オープニング
頑張って変身していきましょー!!
ファイティーン!!
目を整形
after
before
ジムで運動
歯を矯正
ファッションコーデ
ヘアー&メイク
家族・友人たちと涙のご対面!
エンディング
写真撮影
パシャ
パシャ
大きく扱われることなくフツーに整形してた
Cinderella
番組名は"シンデレラ"
今日の夜ゴハンもスンデ
ノリはビューティーコロシアムというよりは亭主改造計画ってカンジよね

やっぱり歯

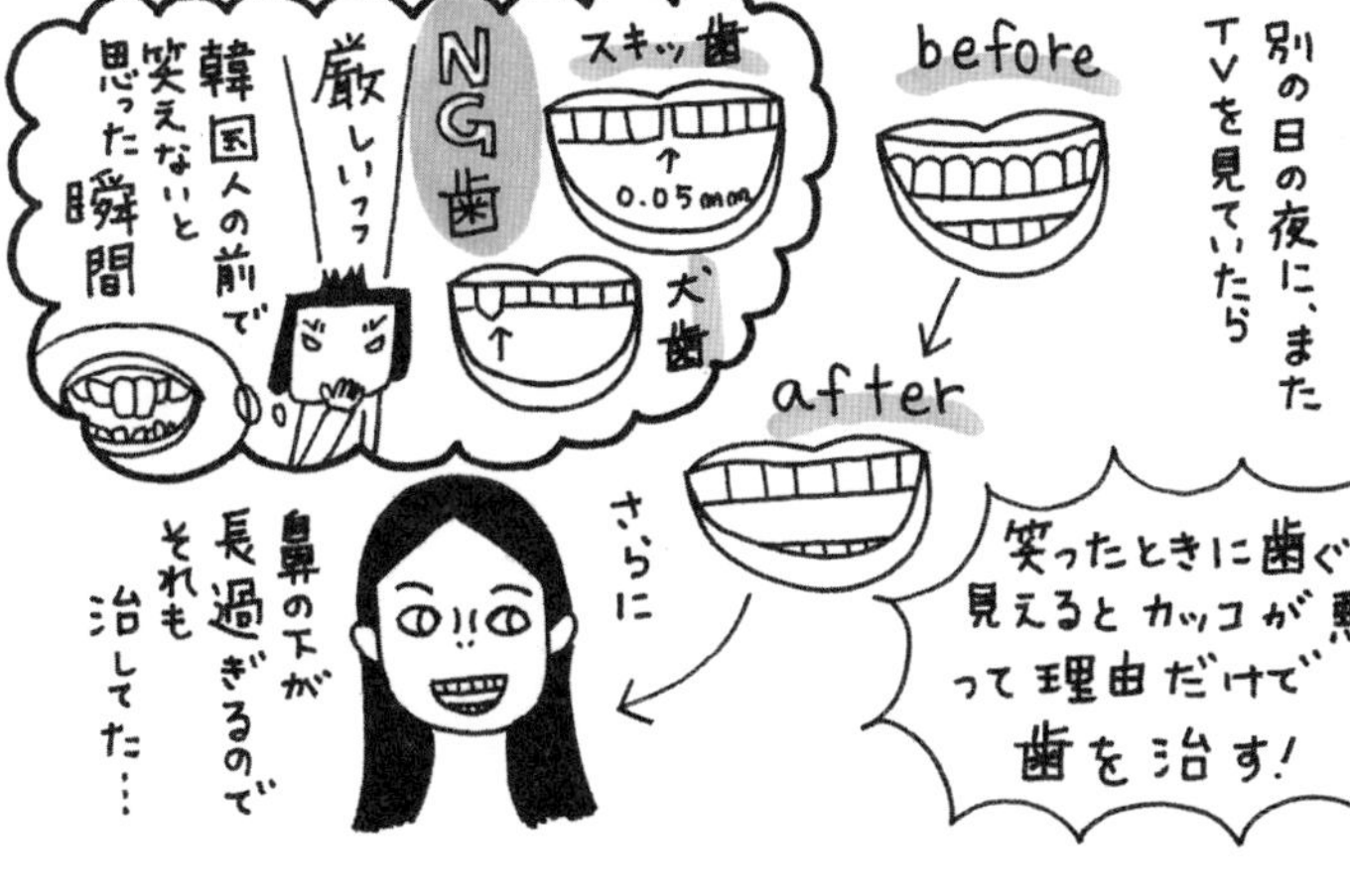

別の日の夜に、またTVを見ていたら
before
after
笑ったときに歯ぐきが見えるとカッコが悪いって理由だけで歯を治す!
さらに
鼻の下が長過ぎるのでそれも治してた…
スキッ歯
0.05mm
犬歯
NG歯
厳しいっス
韓国人の前で笑えないと思った瞬間

chit-chat

撮影

旅の記念に変身写真を撮ろう

旅の恥は掻き捨てってことで、韓服で撮影に挑む（笑）

私、さっき
肉食べたからおなかいっぱい
おなかが出ちゃってて…
えへえへっ
私が想像していた返答
おなか以外はカワイイですから、気になりませんよ
安さん
テギュンさん
その丸いおなかも魅力ですよ♪
カメラマン以上にのせ上手、ほめ上手の甘〜〜〜い人たち
しかし実際の返答は
だから？ボクにどーしろというんです？
つれなかった（笑）

カメラマンは関西韓国人

今回お世話になったのは、地下鉄3・4号線忠武路《チュンムロ》駅近くにある、ソル・スタジオ。

代表取締役でもあるカメラマンのソル・イルコンさんは大阪芸術大学、日本写真専門学校で芸術・写真を学んだとあって当然、日本語はパーフェクトベラベラ。ソルさんは日本語もノリも関西仕立てで、決して歯の浮くお世辞もおべっかもいわない。ノリが合うか合わないかは人によりけりってところか？

韓服《ハンボック》の充実と修正力が魅力。あ、ソルさんのノリもね（笑）。

ソル・スタジオのみなさん。スタッフたちは、アクのないマイルドな性格（笑）

修正

チカコさんはどこ直す？
ホクロ取るでしょー
二の腕のたるみ取って細くしてー
修正するとこいっぱいだなー
ブチッ
アドバイスする人
選ぶ人
撮影後すぐ自分でアルバムに残したい写真と、修正箇所を決める
↑本人はキレてたけどアルバムの評判はすこぶるよかった
あごの辺もスッキリさせとく？
この写真、捨てるの？
もったいないなーすごくキレイなのに
目も大きくしとく？
この表情いいなー好きだなー
とにかく思ったことを何でも口に出しちゃう裏表がないタイプ（笑）

掻き捨て変身写真

カメラマンによって、お国によって、かなり違ってくる変身写真。あなたならどのセンスで撮ってもらいたい？

Taiwan

ポップでガーリッシュ！ まさに作風は、なんちゃって蜷川実花（笑）。写真集のような仕上がり

Thailand

不自然な手のポーズも、変身写真ならでは（笑）

SOUL STUDIO

ペベック（婚礼）用韓服。手にはチョルスゴン

主にお正月やお盆、パーティーのときに着る韓服

結婚式に招待されたときや、お正月に着る韓服

ウエディングドレス、カクテルドレスでも撮影

Soul Studio

URL：http://www.soulstudio.net/　TEL：02-2276-1584　カード払い可　要予約

ホクロ除去

あっ
洗顔は3日間ダメ、
チムジルバンは1週間ダメ、
パッドも取ったら
ダメですよ
ケロッ
やる前にいってくれ
炎症、雑菌を防ぐため
3日間、顔に貼りついたままの
透明パッド

この顔で人と会い、取材した…

Part 6

にんじょー《人情》こんちきしょーにちじょー《日常》コリア

本日のお宿！

親切一番 美都旅館《ミドヨグァン》

日本語が通じるホッとする宿

日本語…★★★★★
サービス・セキュリティ…★★★
料金…35000W
清潔感…★★
カップルと鉢合わせ…未遭遇
また泊まるわ〜…★★

満足度高いほど★の数が増す
5つ★評価

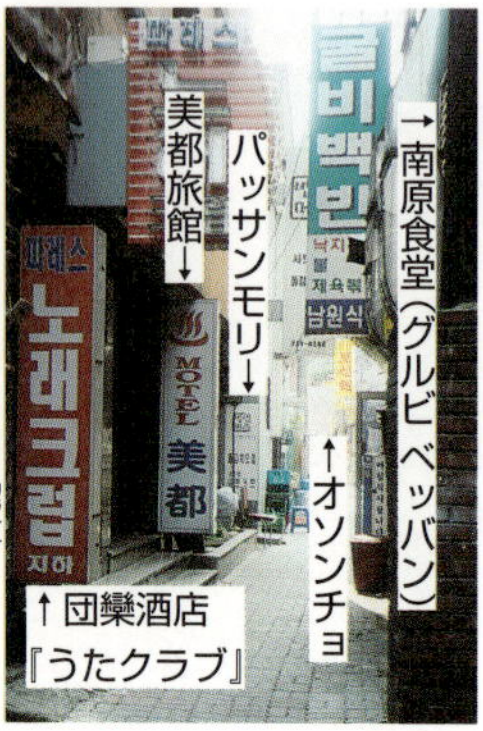
→南原食堂（グルビ ベッバン）
↑オソンチョ
パッサンモリ↓
美都旅館↓
↑団欒酒店『うたクラブ』

団欒酒店とは、酒が飲めるノレバン《カラオケ》のこと。日本だったらカラオケスナックってカンジ？　細い路地に美味しいお店が並ぶ

部屋の掃除もベッドメイキングも完璧

美都旅館の隣が
クラブなのか
カラオケなのか
気になって覗いていたら、
南原食堂から出てきた
アジョシが近付いてきて
そこはお前さんが
行くところじゃないぞ！
P122的には
クラブか酒場？
ダメダメ
そこは
団欒酒店
だった

韓国のホテルは高い

韓国の物価から考えると高く感じるソウルのホテル。長期滞在する身としては、できるだけ出費は抑えたい。必然的に旅館、モーテル、荘と呼ばれる格安宿に泊まるしかない。

老夫婦が営む宿でまったり

ここの最大のウリは、宿主の日本語が話せるハラボジ。リムジンバスの場所の説明から備品の補充まで、心温まる世話をあれこれ焼いてくれる。

難点としては、使い古されたタオル、はけが悪い排水溝、いつもぬけの殻のフロントなど挙げればいくつかあるんだけど、ハラボジの人柄のほうが勝って、日本人に人気の宿。

ハラボジの心遣い

夏
予約されていた部屋より、大きい部屋が空いてますからそっちに泊まったほうがいいでしょう
追加料金はないですよ
高い階にしましょうね
蚊もいませんからね
私の荷物重いでしょーゴメンね
秋
部屋の掛布団だと、日本人には薄くて寒いでしょう？厚手のものに替えておいてあげますからね
いってらっしゃい
カムサハムニダ！
この掛布団、薄くて寒くない？
…
ペらハん
ハラボジ、日本人にはまだ薄かったようです

日本女子的にはキツイかも

ビニの安宿でもサービスでついてくるミネラルウォーター
フタが開いている!!
スル
浄水器の水
それもそのはず
ペットボトルは使い回しだった！
口つけて飲む人いるし、どれぐらい熱心に洗っているのかわからないし、考えだすと気持ち悪いし…
だから水は買っている
ロッテマートで
2ℓ 470W

本日のお宿!

楽チーン♪で 世鍾荘《セジョンジャン》

私的には、どの客室でも問題なし

日本語…★（料金とスミマセンくらい）
サービス・セキュリティ…★★★★
料金…35000W
清潔感…★★★★
カップルと鉢合わせ…たまに
また泊まるわ〜…★★★★★

フロントのお兄さん2人。かなり嫌がって…もとい、照れています

外観。ここのお隣にもあります、団欒酒店（泊まる部屋によっては安眠妨害になると、不評）

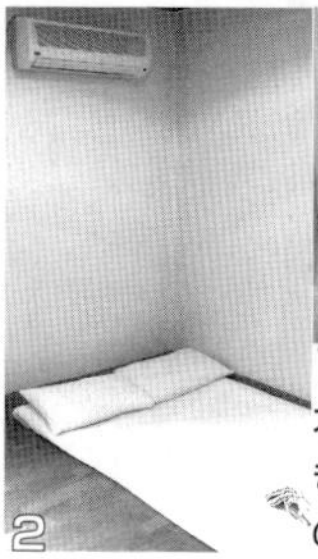

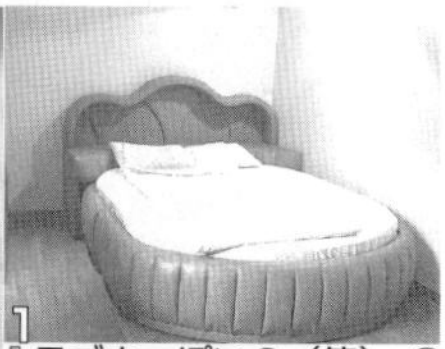

1

2

1ラブホっぽい？（笑） 2オンドル部屋。ゴロゴロできて快適！ オンドル部屋の掛布団は、厚く重かった

ミネラルウォーターと梅ジュースがサービス。宿泊費をディスカウントしたら、梅ジュースが数日間カットされた（泣）

お兄さん2人が管理する宿

ここの最大のウリは、格安宿なのにエレベーターつき！ ここなら 大荷物で最上階になっても全然、苦じゃない。

安全面もいい。フロントにはお兄さん2人、もしくは交替で駐在。出かける際には必ず鍵をフロントに預ける規則になっているので、長く滞在していると顔を覚えてもらえるし、笑顔で挨拶も交わすようになる。

機転も利く。左ページの対応も早かったし、3日間荷物を預かってくれたことや、祝日と休日が重なって支払いを数日間延ばしてもらったこともあった。

同じ価格でここ以上の条件が揃った宿は、今のところまだ見つかっていない。

ハタ迷惑な
部屋移動
ある日、世鐘荘の入口で
ミンソと大ゲンカ
×△○☆
□×!!
絶交よ！
サヨーナラ！
なんでついてくんのよ
…じゃ～ん
死ね！
エレベーターで断ち切ったものの念のため雲隠れ
カギの番号見てたしね…
ヴーーン
5階 非常出口
301
部屋に戻って数分後
コンコン
ガチャガチャ
ゲゲッ
ミンソ!?
と思ったら
スミマセーン
日本語
フロントのお兄さん
監視カメラに5階に行く私の姿が映ったらしく、心配して様子を見に来てくれた
申し訳ない…
それなら話が早い！ミンソが来たらイヤだから部屋を替えたい！
now?
ネ
んーじゃー5階でもいい？
英語
今、フロントからカギ持ってくるから待ってて！
荷造りしていると
リリリ…
とりあえずフロントまで来てくれる？
あれ？韓国語
フロントに行くと
やっぱ心配だからフロントの隣の部屋にしたけどケンチャナヨ？
コク コク
やっぱり韓国語…
誰が訪ねて来ても部屋番号は教えないし、隣なら何かあったときかけつけやすいからね
客室
フロント
すっかり韓国語。
おまけ
団欒酒店のネオンと騒音がモロ直撃の部屋だった
ズンジャカ
パッ

姫気分 ホテルソンビ

ロッテホテルソウルより快適♪

日本語…★★（話せるスタッフもいる）
サービス・セキュリティ…★★★
料金…80000W前後
清潔感…★★★★★
カップルと鉢合わせ…たまに
また泊まるわ〜…★★★★★

部屋ごとに雰囲気が違う客室。部屋を選ぶのも、ここに泊まる楽しみのひとつ

全室PC完備

広い室内なので、ソファーが入ってても、窮屈感ゼロ

ソウルナビ→P10から予約すると、朝食ルームサービスの特典がつく♡

1クローゼット　2冷温浄水器
3冷蔵庫　4超大型テレビ

ホテルで心と体をほぐす

ここの最大のウリは、ジャグジーバス！ バストイレ別の部屋をリクエストして、大きめのジャグジーバスでゆったりアワアワブクブクくつろぐ。

広い客室、充実した備品、カードキー、英語接客、パブリックスペースの床絨毯、あぁホテル～ってカンジ。だけど安全面では、フロントを通らずに客室に行けてしまうのが、やや難。

ソウルに来たら、必ずホテルソンビに泊まってジャグジーとネットを満喫。韓国に来たときの唯一の贅沢となっている(笑)。次回の目標としては『丸1日、ホテルソンビでまったり』。だけど、ついつい繁華街にくり出しちゃうんだよね～。

URL：http://www.hotelsunbee.com/　（韓国語）

本日のジャグジー
早朝フライトで帰国する前日は
オールナイトジャグジー
ガゴー
ブクブク
ウゴー
ブクブク
ヘタに寝て寝坊するより
風呂を満喫して
機内で寝たほうがいいもん!
アメニティは全て揃っているので手ブラでOK!
汗もたくさん出てダイエットにも良さげ
バス・トイレ別のバスタブなら2人で入っても余裕だね
連れがいるときは
お喋りジャグジー
でもたまに
ジャグジーが故障してるだと!?
どーにかしてよ
すみませんがっっ
満室なので
今日のところは
ガマンということで
ガチガチ
大ハズレの部屋に
当たることも(泣)
ガウンのヒモも切れてて
ナイ!
オトッケー

本日のお宿!

ツアー客御用達 豊田ホテル

韓国人には認知度が低いホテル

日本語…★★★★★
サービス・セキュリティ…★★★★
料金…通常200000W〜
清潔感…★★★★★
日本人と鉢合わせ…100%
また泊まるわ〜…パックツアーでなら

韓国人なのに日本語上手だよね
日本の教育を受けたからねぇ
反日感情はないの?
何もわからないまま教育を受けてたからねぇ
よく来たねぇ ホラ、コレ飲みな
わーい
相変らず強引なセールストークだな
南大門なんぞに行かなくても、うちならゆず茶大瓶 4000₩ 海苔だっていろんな種類を扱ってるよ
キムチ持ってくかい? うちのキムチは人気があるからストックしてても、すぐ品切れしちゃうんだよ。いる?

名物アジュンマ
日光 おみやげ品店 食品
岩ノリ
キムチ

豊田ホテル隣の万屋さん。かなり押しの強いセールストークにたじろぐ日本人も多いはず。慣れれば、面倒見のいいアジュンマなんだけどね〜

日本人に快適なホテル

「豊田ホテル?　どこそこ?」韓国に興味がある日本人なら大概は知っているのに、知り合いの韓国人は誰も知らなかった。

　宿泊者のほとんどは日本人で、おそらく私のようにパックツアーのスタンダードタイプで来た人（笑）。なので、言葉の心配もないし、日本人向け現地ツアーの手配もお手のもの。客室は泊まる階によって賛否両論、雲泥の差があるらしい。たぶん私が泊まったのは泥のほう（笑）。でも得に不満はなかった。それよりも『食べ物持ち込み禁止』ってほうが大ブーイング!

　宿泊者なら通常料金より半額で入れるサウナが、只今閉鎖中。早々の再開を望む。

URL：www.poongjun.net/

本日のお宿！

ヨン様ホテル ロッテホテルソウル

安い宿泊費なら文句はないけど…

日本語…★★★★★
サービス・セキュリティ…★★
料金…（本館一般客室）250000W
清潔感…★★★★★
日本人と鉢合わせ…100%
また泊まるわ〜…次回は新館で

ノドがやられる

シュー
シュー
湯沸し器に水を入れて一晩中、加湿器代りに使用したにもかかわらず
バチバチ
ケホケホ
イガイガ
ホテル特有の換気の悪さと乾燥に悩まされる

換気扇はございませんが窓に空調がありますので大丈夫です
フー
…

ミニバー。別名ボッタクリバー（笑）

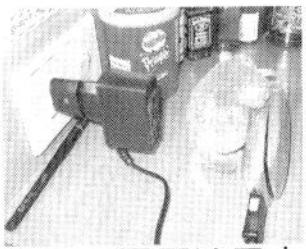
ここの電圧は日本と同じ110V。韓国のケータイ（220V）を使っていた私は、変圧器とプラグを借りるハメに…（泣）

高料金・知名度≠高サービス

料金と内容が見合ってない本館に、不満ダラダラ。

客室階がショボイ。天井が低く、客室も狭く、いかにも老舗ってカンジ。シミやハゲが目につく薄汚れた室内にいると、とても特1級とは思えない（泣）。

セキュリティーが甘い。2階の団体客受付は、個人で来た私に対しても本人確認がテキトーだった（高級ホテル故に、こーゆー対応なのかしら?）。

特1級としての優雅さにも欠けていた。日本人ツアー客を大量に入れているので、どこにいても常に騒々しく、せわしない。

本館は、交通の便がよく日本語が通じる、寝に帰るだけのホテルと考えたほうがいい。

URL：www.lottehotel.co.kr/

本日のお宿！

ジヒの家へ ホームステイ

ジヒの心尽くしのおもてなし

日本語…★★★★★
サービス・セキュリティ…★★★★★
料金…35000W
清潔感…★★★★★
交通の便…★★（ビギナーには厳しい）
また泊まるわ〜…休業中

客間

ダイニングキッチン

日本ではベッド派だけど
韓国では断然 オンドル派
オンドル床＋布団、サイコー！

羨ましい限りのゆったり空間、2LDK。衛星放送、ネットも完備

友だちの家に転がり込んだ感覚

ジヒの家はホームステイ登録をしていて、日本人を中心に観光客を受け入れている。

２００５年３月から姉のキョンジとここに移り住み、どちらかが休職しているときのみ、ホームステイを営む。私が訪れたときは、ジヒがワーキングホリデーで日本へ行く準備をするため、会社を辞めたばかりだった。

最寄り駅は、地下鉄２号線・堂山《タンサン》駅。バスが乗りこなせれば、新村や新林洞までバス１本で行ける便利な場所にある。

今、ジヒは日本にいる。滞在日数からして、この本が発売される頃になってもジヒは日本にいるはず。残念ながらホームステイは休業のままだろう。

オカンなオモニ
上京して来たオモニ。キョンジやジヒもいずれこうなるのかしら?(笑)
キムチ持って来たから冷蔵庫に入れなさい
ちょっと、ちゃんと整理整頓しなさいよ!
ハイ
この家の柱、良くないんじゃないの?
このカーテン、センス悪いわよ! 変えたほうがいいわよ
ブツブツ
ブツブツ
目についたもの全てが気になる
これもそれもあれも食べて下さい
あんた、もっと食べなさいよ! 細すぎ!
スミマセン 中国人顔だから噛めないんです
ジュルルルー
トマトシェイク
ジヒお手製七分粥
コンバップ(黒豆入ゴハン)
海苔
キムチ
キャベツ
小魚
毎日のゴハンは素食
親を敬い世話を焼く
韓国の食卓
赤の他人です 恥ずかしいです
知り合い?
…
ペちゃくちゃ
電車の中でも唐突に話しかける
あー、最近太っちゃったからね
ポンポン
ポンポコ
全く動じず
オモニ、太ってます
オモニ、ダイエットしたほうがいいです

タクシーいろいろ
ドライバーもいろいろ

車両は右側通行、ハンドルは左、車社会の韓国は今日も渋滞

一般タクシー

一般タクシー

●良いタクシー

美都旅館まで
イエー
ヨボセヨー
自分のケータイから
美都旅館に
連絡を入れて場所を確認。

●悪いタクシー

議政府まで
あー!? 何だ?
ここです
わっしゃー老眼だから見えん!
韓国人じゃないと
わかると、急に不親切になり、
目的地に到着した途端
メーター即切り!!
ピッ
10000₩でも
20000₩でも
いいぞ
10倍の請求を
してきた!!

満車
空車

東京のタクシー同様、空車時は点灯し、満車時は消えるランプ

模範タクシー

日本語が話せる
キムさんとソウル観光
ワールドカップのメインスタジアム周辺の山はゴミ処理場。ゴミ山ね臭いですよー
カムジャタンが美味しい店ですか? 知りませんねー
え!? 目的地と違う!? あー すみませんねー
キムさんは
仁川空港周辺を
得意とする
ドライバーだった

交通事故は日常茶飯事？

●目撃① タクシーVSタクシー

韓流ドラマには不可欠な(笑)交通事故。現実では・・・
×△☆!
×△○!!
走る車の迷惑も何のその
車道のド真中で自己主張!

ヨボセヨ
プ
ブ
プップー
ヨボセヨ
バチッ
カチカチ
カチカチ
競って自分のところの保険会社に連絡
本当に事故って多いんだ

●目撃② バイクVSタクシー

●目撃③ ソンウォンが運転する車
VSタクシー

人の車にひっかきキズをつけるくらいはケンチャナヨなんで車はキズだらけですよ
日本だったら大問題だよ
パッ
今、事故って警察にいます。これから調書を取るから、今日はそっちに行けそうもないです。じゃー明日
プープープー・・・
ええっ、大丈夫なの!? じゃー、って何その軽いノリ

今日も私を運んでって～地下鉄・バス

T money

新型交通カード、T money。地下鉄、市内バスが通常料金より100W安く乗れる。しかも総距離で算出するので、バスと地下鉄を併用した場合、現金で払うより断然割安！ 方向音痴の強い見方

いつの間にか地下鉄１号線の女性専用車両が、廃止に…

地下鉄

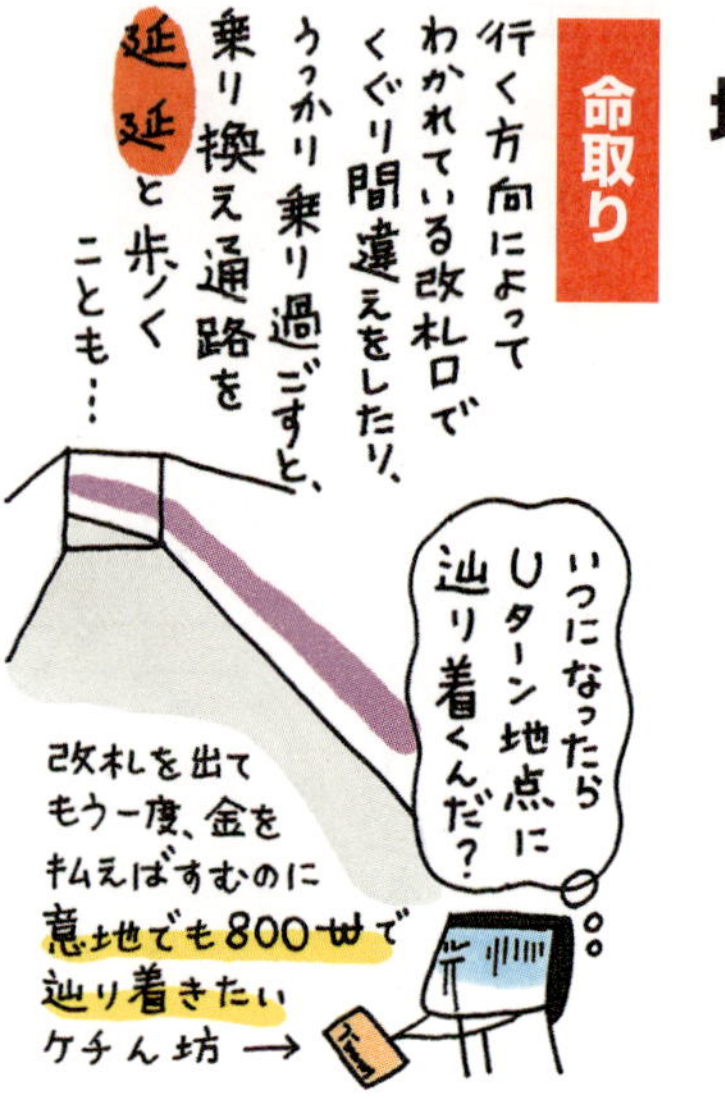
命取り
行く方向によってわかれている改札口でくぐり間違えをしたり、うっかり乗り過ごすと、乗り換え通路を延延と歩くことも…
いつになったらUターン地点に辿り着くんだ？
改札を出てもう一度、金を払えばすむのに意地でも800Wで辿り着きたいケチん坊 →

白い切符＝タダ乗車

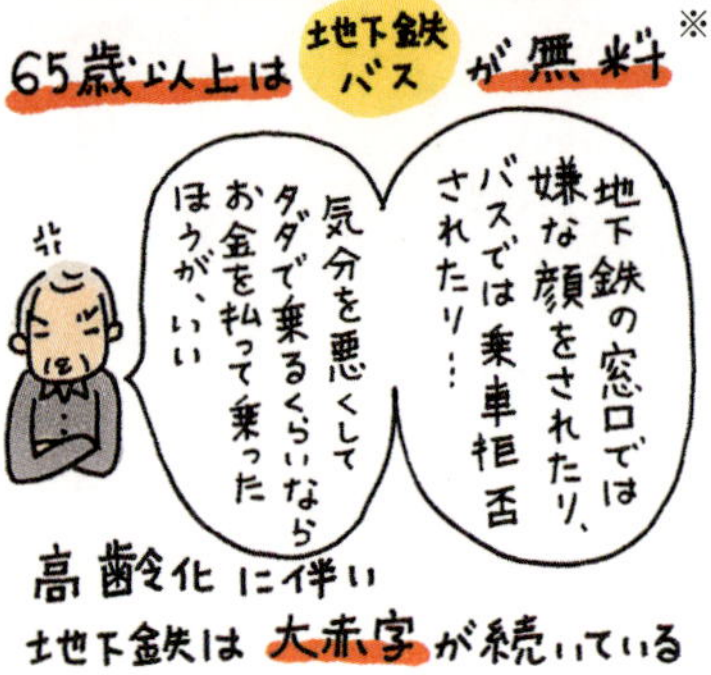
65歳以上は 地下鉄バス が無料※
地下鉄の窓口では嫌な顔をされたり、バスでは乗車拒否されたり…
気分を悪くしてタダで乗るくらいならお金を払って乗ったほうが、いい
高齢化に伴い地下鉄は大赤字が続いている

※老人証が国から支給されます

訪れるたびに上がる運賃

自動券売機の７００Ｗのコイン投入口が×《バツ》と書かれた紙で塞がれていた。故障か～と思って窓口で切符を買ったら、９００Ｗ。２００Ｗボラれた…じゃなくて値上げしてた。そういえばリムジンバスも７０００Ｗから８０００Ｗに上がってたっけ。

ラクラクスイスイ地下鉄

日本の地下鉄よりカンタン♪乗りたい路線の色を見つけて壁つたいに歩いていけば、どんなに離れたプラットホームでも簡単に辿りつくことが出来る。もちろん下車も簡単。車内の英語アナウンスと大きく表

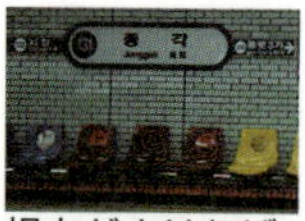
視力がよければ、漢字表記された駅名も確認出来る

物売り
●ヒザサポート売り
ガラガラガラ
説明
よーく伸びる
とっても丈夫な
ヒザサポート
配布
ビヨヨヨ
使用例
区間のパフォーマンス
次の駅に着く前に
回収
移動
閉幕
違法なので素早い
●野菜カッター売り
パフォーマンスでスライスした
野菜も回収
意外に売れている

示された駅番号をチェックすればOK。

ウロウログルグル地下出口

方向音痴には下車からが試練の道。出口の番号と目的の地上がなかなか合致しない。地上に出たら違ったのでまた地下に潜る、また間違える、また潜る、のエンドレスで最長30分、地下通路内を彷徨ったことがある（苦笑）。車にひかれてもいいから、目の前の車道を横断させてくれ！　何度そう思ったことか。

痴漢とスリに注意

学生が多く利用する2号線、狎鴎亭やCOEXなど人気スポットが点在する3号線など混む電車は、痴漢やスリが多い。

バスドライバーはいつだってオレ様！

客をブンブン振り落とすロデオ運転、感情むき出しで仕事する暴君ドライバー
乗客は振り回されっぱなし

市内バス
シネポス

ブルーバス車内。ロデオ運転中なので、写真を撮るのも命掛け（笑）。当然、出来上がりはブレブレ〜

市内を走るバスは、幹線バス（ブルーバス）、支線バス（グリーンバス）、広域バス（レッドバス）、都心循環バス（イエローバス）。私が利用していたのは、ブルーバス。ジヒの家へは、バスでしか行けなかった（泣）。

一般リムジンバス

仁川空港と市内を結ぶバス。鍾路1街から空港へ向かうバスの間隔は、15分間隔というけど、日中は全くあてにならない

●ケース1
ぺちゃくちゃ
ぺちゃくちゃ
さっきからぺちゃくちゃとうるさい!!
ムカ
ムカ
ドライバーにはらいせで叱られる

…というのも
テギュンさんと合流することになって
一度乗り込んだバスを降りて、今のこのバスに
乗ったため、私のチケットが半券になっていたことから
もめていた
お前、そこら辺に捨ててあった半券を拾ってきたんだろ!
さっき乗ったドライバーが次のバスに乗ってもいいっていってくれたそうですよ
フン!
確認取るから待ってろ!
絶対、あのドライバーは私のこと覚えてるもん!
(だって乗客3人しかいなかったから)
しっしっ
ムカッ
結局、確認が取れて、
ドライバーは自分の非を認めて私を乗せた
●ケース2
5:30AM
来た
乗る乗る乗るっちゅーねん
ブオー
リムジンバスしか停まらないのに自己主張せずにいたら置きざりにされかけた
さらに荷物をバスの下部に入れてもらえなかったので車内に運んでいたら
金!
少しは手伝え!!
キッ
運賃を徴収しに来た

絶体絶命、ドナドナ鉄道

地下鉄に乗るはずが、なぜか鉄道に乗っていた…。どこまでいっちゃうの〜私

検証してみよう

※1不思議な待ち時間とは?

清涼里《チョンニャンニ》駅の次の回基《フエギ》駅は1−1(鐘閣回り)、1−2(玉水《オックス》回り)の分岐点なので、広域電鉄の議政府北部行きの電車に乗り換えるために降ろされ、何本も電車を見送っていた、ということになる。韓国人でも迷うようで、アジュンマが私に電車の乗り方を聞いてきた。…って、私が知るかっ。

※2なぜ乗れたのか?

地下鉄1号線は、清涼里駅〜議政府北部《ウイジョンブブクブ》間を相互直通運転で広域電鉄 京元《キョンウォン》線が走る。

日本同様、相互直通運転の広域電鉄と地下鉄の運賃は、一体化されている。そのかわり、広域電鉄線以外の韓国鉄道公社線

念のため聞いてみると
明洞？（に行く？）
アニョ
！
ヘーギョンさんに速攻でSOS
あの、あのっどうやら電車を乗り間違えたようで
今おかれている私の状況を近くにいるアジョシに聞いてもらえますか？
アジョシとヘーギョンさんとの間では解決したらしく
イエーイエー
ホレ！
ツーツー
切れていた！
しかもバッテリーが
命短し！
救世主1・アジョシ
大丈夫、議政府駅まで送ってってやる次の駅で降りるからな
どっちが連れていく？
オレでいいよ
ヘーギョンさん…
しかも
ここで降りるんだろ？
のほほ〜んっ
そうだったか？
たぶんな
ここだと思ったんだけどなぁ
いや、ここじゃなくて次だろ？
意見がわかれているうちに
ちんたらり〜ん
プシュー！
ドアが
閉まる
うぎーっ

を乗り継ぐ場合、同じ会社の経営でも別運賃を払うシステムになっている。

　だから私は地下鉄の切符を買った。なのに地下鉄に直結する京元線の広域電鉄のホームではなく、なぜか京元線のローカル鉄道のホームにいた…。本来なら切符もホームも違うので、ちょいちょい君、これじゃ〜乗れないよ、と改札口で足留めを喰らって地下鉄のホームに導かれるべきシナリオが、

・駅員が改札口にいなかった
・改札口がスルー状態だった

私はおとがめなしでローカルホームに潜入し、鉄道にも乗れちゃって、そのままあれよあれよとドナドナ状態で北に運ばれていっちゃったってワケ（泣）。

アルムダウン医院に行くだけだからと地図もガイドブックも持ってこなかった
ハングル全く読めず話せずわからず
明日5時半にはホテルソンビ(P168)をチェックアウトで帰国
この電車はどこへ向かっているのか?
ケータイのバッテリーが死にかけている
先が見えない現状
帰国の危機
冷静に考えれば考えるほど不安と心細さで自然と涙が流れる
つつー
うっ
うっ
オペをムダにしたくないので顔を崩さず泣く→
アノー アナタ、日本人デスカ? 日本語ワカリマスカ? 私、日本語 スコシ 話セマス
日本語
救世主2・アメリカ人
私、日本人デース!!
I wanna go back Seoul! I made a mistake…
この列車は北へ行くのよ
1時間に1本なのよ
お、終った…
しかも会話、英語だし
絶望的すぎて泣いていると
うっ
oh… what's problem?
大問題だよ
Excuse me…
英語でアジュンマに呼ばれた
救世主3・アジュンマ
あんた英語が少しは理解できるのかい? なら、こっち おいで

よーくお聞き 次の駅で降りて 議政府駅まで お行き。そして 次に地下鉄に 乗り換えな
地下鉄、間に合うかな…
おいで おいで
そうしたら 議政府から バスかタクシーで ソウルまで 帰ればいい
驚くほど 流暢な 英語
言葉が出来ない からバスはムリ…
タクシーも 議政府のドライバーは ソウルはわからないよ だから、ヘーギョンさんは 患者を帰すとき、いつも ソウルのタクシーを呼ぶもん
今、彼がネットで 地下鉄の時間を 調べてくれているから 待ってな!
ピッ ピッピッ ピッ
自分の知っている 日本語を使いたくて 仕方がない人
アナタハ ドコカラ 来マシタカ? 私ハ アメリカ人デス 私ノ…
ト… キョ
自分の運命が 気になって会話 どころじゃない人
次じゃなくて 次の次で降りた ほうがいいわ
それが 最終だから 逃さないで!
いつの間にか 周りのみなさんで 私の帰り方を考案
アジョシー! この娘の面倒は うちらで見るから 大丈夫よ!
じゃー よろしく、
自分たちの駅で 降りていく救世主1
ネットで調べて くれた彼が ソウルまで 連れてって くれるってさ!
ホレ 隣に座って
ええええっ
地下鉄の終電も 間に合うってさ! よかったね
イエス
ナイス ミーチュー
テキパキと 仕切る アジュンマ

私の連れはスウェーデン人、私はアメリカ人、あなたは日本人、彼は韓国人
こういう場がもてるなんてファンタスティックね！
ども
私は英語教師なのあなたは学生？
ボクは2年間の徴兵を経たのち、軍人になりました
働いています
ニコッ
帰る方針も決まり、送り届けてくれる人も現われ、国際交流に花が咲く
救世主4・軍人さん
救世主たちと別れ、議政府方面行きの列車を待つ間、お喋り。お題目は"日本"
日本語は日本のドラマで勉強中です
親日家？
今、妹が日本に住んでいます。ボクも日本に行ってみたいです。でも、軍人は外国に遊びに行ってはいけないのでガマンですね

軍人さんとの一期一会

一番のとばっちりを食った人といえば、軍人さん（苦笑）。楽しかった土・日・月の3連休のシメが迷子のイルボンサラムとは、申し訳ない。

「ボクは毎日、2キロの荷物を運ぶから、これくらいの荷物は重くないんです」

と、たくさんの荷物を抱えて一緒に列車を降りてくれた。

親切連鎖

彼は宣言どおり、ちゃんと私をホテルの前まで送り届けてくれた。自分の名前もいわず、私の名前も聞かず、メアドの交換もせず、握手だけ交わして私たちは別れた。

旅先で出会った人がその国の

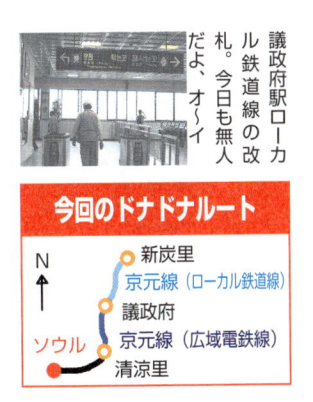

列車の中でもお喋り。お題目は"韓国"
韓国はどうですか？
人々が親切です
NO！
えっ!?
韓国人は親切じゃないです
地下鉄へ乗り換え
でもみんな、私を助けてくれたじゃない。それに、少なくともあなたは親切です
ボクは人が好きだし、人との出会いを大事にするから…
でも他の人は自分のことで忙しいとか友だちと会うとかであなたを送り届けようとしませんでした
ね、親切じゃないでしょー
ホテルまで歩く
ヴーーン
いやいや日本人だってここまで面倒見はよくないですって！
軍人さんみたいな韓国人がいる一方で
どーなりましたかー？
電話してくるのが遅いです！大変だったんですから！
あのアジョシがあなたを送るっていってましたからねー安心してましたー
アジョシじゃなくて軍人さんがー…
そーですかー
ま、でもネタが出来てよかったじゃないですか（笑）
フフフ
そーゆー問題か？

印象を良くも悪くもするというならば、私の韓国の印象は、今回のパプニングでググ〜ンと良くなった。

心細くなっていた私を気づかうように会話を絶やさず、最後まで面倒を見てくれた軍人さん。この親切、今度は私が困っている人に託しますからね。

軍人さん、本当にありがとう、この恩は一生、忘れませ〜ん！

議政府駅ローカル鉄道線の改札。今日も無人だよ、オ〜イ

今回のドナドナルート

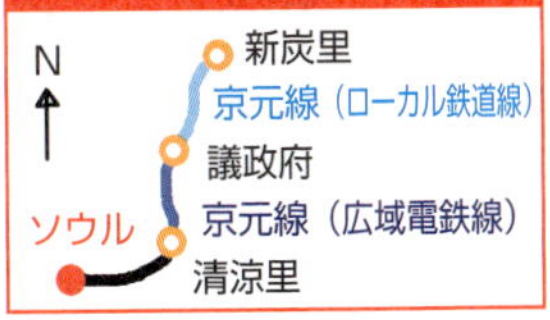
N
新炭里
京元線（ローカル鉄道線）
議政府
京元線（広域電鉄線）
ソウル
清涼里

あんたら道聞きすぎやねん

振り合うも多生の縁…いや、そんな深いこと考えず、声をかけているね、あの人たち（笑）

おのぼりカー

ウテとソウルタワーに行くことになった。
韓国人と行くなら確実ね！と思ったら大間違い！
チョギヨー　ソウルタワーって…
真っすぐ行け！
タクシー
数キロごとに道を聞きまくるおのぼりカーだった
チョギヨー！ソウルタワーってこの方向で合ってますか？
一般カー
次の信号、右折しな
日本のソウルガイドブック
ウテも初ソウルタワーだった
ソウルタワーからホテルまでは日本人がナビ

人選ミスのアジュンマ

道を歩いていると電車を待っていると、見知らぬアジュンが近寄ってきて、何やらモゴモゴとあなたに話しかけて来ませんか？　手元を見ると、紙を持っていないので、『ビラ配りアジュンマ』ではなさそう。

このアジュンマの正体は、『道聞きアジュンマ』。韓国には、誰彼構わず道、電車の行き先を尋ねてくるアジュンマが多く存在する。

人選ミスしとるでアジュンマ…毎回心の中でツッコミを入れる私。

お節介
●道端
どーした？
そこいらのアジョシ
ゔーん ゔーん ゔーん
定食が食べたい？
定食もいいけどここの店のゴハンも美味だぞ！
●ビルの前
何、してんだ？
ここの名前が知りたい？
よしよし、オレが書いてやる
ムズカシイ
ムスッ
WOON HONDAY… BATHだよ
ビルの警備員
ストーンサウナがある
そこいらのアジョシ
●屋台
日本人の方ですか？手助けしましょうか？
ここの写真を撮りたいんですけど…
通訳してあげますよ
●空港
どうしましたか？
日本人には、日本で親切にしてもらったので私も日本人に恩返しがしたいんです

歩く道先案内人のアジョシ

ボ〜ッと立っていると近寄って来るのが、お節介焼きのアジョシ。自分のわかる範疇で、いや、わからない範疇でもウンウン唸って答えをひねり出してくれる、旅行者には嬉しい存在。アジュンマに尋ねても、ウザがられるだけ。ものを尋ねるときは、アジョシにしよう！

人と人との距離感

同じ都会でも東京よりソウルのほうが、人と人との距離が短いような気がする。良くいえばフレンドリー、悪くいえばズーズーしい（笑）。

私はこの距離感が気に入って、自分も気軽に道行く人に話し掛けるようになっていた。

お節介連鎖

Excuse me
明洞は どっちの
方向にあるの?
地図ある?
No!
あっち
map
マイmapを広げて案内
でも念のため
チョギョー!
ミョンドン ウン
オディ イムニカ?
イゴッ
ま、こんなこともあるさ!

Part 7

パスポートノンノン東京コリア

女性専用韓国式サウナ
リラクシングサウナWiLL

チムジルバン、汗蒸幕、垢スリ、マッサージ…何でも揃ってる♪

←石サウナ。効能：体の細胞の活性化、デトックス、健康維持

→ヒーリングルーム。床がオンドルになった休憩スペース。ストレッチ体操のレッスンも開催

都内初の汗蒸幕。韓国人に習って横になって寝ていると、滝のような汗が！

ハンモックで、ゆ〜らゆら、ウ〜トウト

ロッカー

所在地…東京都新宿区歌舞伎町2ー19ー15
電話番号…03-5155-4561
営業時間…24時間（各設備は左記のHPで確認）。年中無休
入館料…1980円（4時間）、2630円（6時間）、4200円（12時間）、1時間延長ごとに420円。バスタオル1、フェイスタオル2、ガウン1、サウナ着、（6時間以降、室内着）含む

大人の女性だけの特典

「大人の女性が、ゆっくりとお風呂やサウナ、垢スリでリラックスできる空間」のコンセプトのもと、２００４年10月にオープン。オープン当時に利用したときは週末だけだった24時間営業が、今回、取材で来たら毎日24時間営業に拡張されていた。口コミで徐々にお客が増えているという。

客の比率、韓国６：日本４

韓国の風呂やサウナが、日本にいながらにして体験できる空間。当然、日本人と韓国人が入り交じる。そこで問題になるのが、日本人と韓国人の入浴法。

韓国人の入浴は、『汗蒸幕で汗を流し、垢スリをしてから湯

http://will-town.com/

薬草サウナ

私の一番のお気に入り。薬草の香りが体を包み込んで、汗もじんわり、いいカンジ。効能：体の抵抗力アップ、リラックス

前回、ここに来たとき、日本語ベラベラのアジュンマに
この袋は体の悪いところに乗せるのよ
っていわれて素直に乗せていたんですけど…
???
あの袋は香りを楽しむものなので体に当てても意味がありません
フロント係 シマダさん
あなたの日本語が一番聞き取りやすいわ
私は日本人です
日本人スタッフは3人のみ

陳皮
薄荷
山査

↑問題（笑）の袋。木の枕元に置いたり、枕と頭の間に挟んだりして、香りを楽しむ

船に浸かる』。だから日本人の『まずは湯船に浸かって汗を出す』入浴は、垢が出て汚いと感じる。

逆に日本人は、韓国人の『チムジルバンで卵やみかん、コーヒーなど臭いがする飲みものを飲み食いする』楽しみ方に共感しがたい。日本人は癒しやキレイになる空間は、身をゆだね、くつろぐ場であって、決して食べる場ではない（笑）。

韓国の観光客向けの汗蒸幕というよりは、韓国の韓国人が行くチムジルバンに近い。施設や食事は韓国、掃除やサービスは日本、まさにいいとこ取り。

夜の街に繰り出す前に、終電がなくなったときに、利用してみてはいかが？

韓国そのままを日本へ！韓国広場

韓国広場
24時間・年中無休

エゴマの葉、禅食、いしもち、スンデ…なんでもあります

価格は、韓国の約2倍。中には同等、安い商品もあり。写真の座ぶとんは韓国で買うより安い

所在地…東京都新宿区歌舞伎町2—31—11
電話番号…03-3232-5400（代表）
営業時間…24時間、年中無休。楽天市場、本社サイトからの購入も可能

実店舗とネット販売では、客層が違う。実店舗では、近所の飲食店の人たちがメイン、ネットでは一般（つまり日本人）がメイン

考えることは皆同じ1

大鍋パックですか？
問い合わせはありますよ
でも印象が
悪いですから
扱ってはいないです
総務課長 藍さん
やっぱり…

エゴマの葉と生唐辛子。お客さんの要望で、ネットでも購入可能になった商品

おこげ。お湯に浸してふやけさせれば、スンニョンの出来上がり。飛ぶように売れることはないけど、韓国らしい商品

韓国広場自家製の各種キムチ（5キロ売り）。通常、キムチは各飲食店で漬けている。しかし野菜の高騰が続くと、（コストを考え）ここで10キロ売りのキムチを買っていく店もあるという

http://www.kankokuhiroba.co.jp/

買うのはどっち？韓国人VS.日本人

辛
라면
ラーメン
3食入
2
1

根強い人気の辛ラーメン。韓国で600W、韓国広場で60円。わざわざ韓国で買う必要なし（笑）　1日本版　2韓国版。インスタントラーメンに並々ならぬこだわりを持つ韓国人、②を買っていくそう

떡볶이
양념장
2
1

トッポキ　1餅と甘辛いタレの食べきりサイズ。少量ってところが日本人に人気　2甘辛いタレだけのパック。味も量も韓国人に好評

考えることは皆同じ2

韓国から手ブラで
帰って来て、ここで
土産を買って行く
ビジネスマンいますよ
円表示になってないか
日本語が入ってないか
チェックされてます(笑)
やっぱり！

잣,호도,율무차

ユルム茶。ざらつき感がなく、クリーミー

비락
콩국

コングックのスープ。日本語はおろか英語の文字すらありません

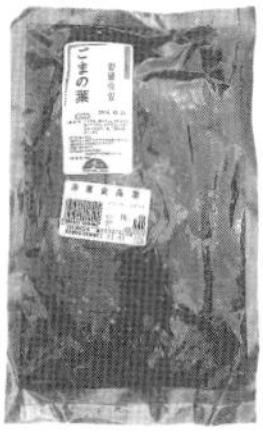
ごまの葉

ケンニップ。辛みを抑えた甘い味付け。ゴハンに巻いてパクッ。ウマ～

韓国広場の歩み

1993年、日暮里で開店。1994年に新宿・職安通り、現在の仁寺洞の場所へ移転。手狭になったので1997年、現住所の新宿・職安通り、東新宿駅寄りの広い売り場に移転。

品揃えの豊富さに脱帽

『売れる品物より売らなければならない品物』すなわち『韓国そのまま』を売るという社長の信念のもと、定番商品、新商品、マニアな商品…まさに今、韓国の店頭で並んでいる商品が韓国広場に並ぶ。韓国を扱う類似店は多々あれど、ここほど物欲のテンションがイッキに上がる店はない。同じ品物でも数メーカーから選べるのが嬉しいね。

スンデを食べるなら コリアスンデ家

行列ができる自家製スンデ家さん、人気に偽りなし！

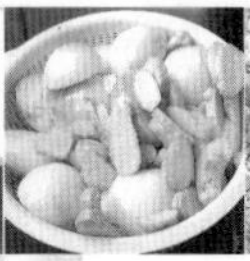

→腸詰め道具。餅米、タンミョン、ニラ、ニンニク、玉ネギ、キャベツ、ネギ、生姜、唐辛子、コショウ、片栗粉、食用油をペーストにし、この漏斗に流し込み、木棒で漏斗の狭い口に差し込んだ豚の腸に詰め込む。熟練の技を要するため、社長、お母さん、店長しか作れない

←タンミョン。タンミョンだけは韓国から取り寄せている。細かく切るので、ソウルのスンデと違って、ほっくりな食感

スンデ。レバーとガツを添えて。味に深みと広がりがあるスンデは、何もつけなくてもウマ〜い。もちろんゴム臭くない（笑）

所在地…東京都新宿区百人町1-3-3
サンライズ新宿Ａ１Ｆ
電話番号…03-5273-8389
営業時間…24時間、年中無休
オススメメニュー…スンデ1000円、スンデポックム2000円、チョクバル3000円。ランチメニューはナシ。グランドメニューのみ。お持ち帰り、キムチとスンデの購入可能

昔ながらの手法

『韓国で食べたスンデはダメだったけど、ここのスンデは美味しい』と日本人にもウケているコリアスンデ家のスンデは、自家製。しかも切るのも、潰すのも、詰めるのも、全て手作業。ソウルと天安で何度かスンデを作る現場を見せてもらったけど、機械を使わずに腸詰めしているのは、ここだけ。一時期、大量生産、オートマチック化も考えたそうだけど、味が落ちるということでやめたそう。

　１９９３年開業当時から昔ながらの手法で守り続ける『おじさんが作っていたスンデ』の味。韓国人は店に寄ってスンデを買って、家で食べる人が多いんだとか。

http://www.nagune.com/restaurant/sundae/index.html

冬が旬！

ケジャン￥2000。後引く甘辛いタレと、トロ〜チュルンとした柔らかい生のカニが魅力。食べにくいのが難だけど、食べる価値あり

夕方は70〜80％の日本人客が占める。この日もグループ、家族、カップルで賑わっていた

コリア スンデ家

週末は予約で埋まり、19時には満席。寒い中（2月）、外で待っているお客さんに店長がお茶を出す姿も

サービスの小皿チャプチェ。こういうのも嬉し〜い

突き出し。いっぱい出て来て幸せ♡

スンデポックム
￥2000
エノキタケ
キャベツ
エゴマの葉
トック
自家製スンデ
ねぎ
にんじん
甘辛のタレ
コショウなどの調味料
野菜も細かくして入れるので、薄くスライスしてもキレイ
ニラの緑がアクセントに
量が韓国なので究極に腹を空かせて行くか、たくさんの胃袋と共に行くことをオススメします
今、胃を開けたらスンデだらけだよ

町田でイッキに韓国を堪能
一楽、いる

日本人に合わせたスタイルで、韓国料理を網羅する

炭火焼肉家庭料理
一楽
T.042-725-1559
いる
韓国居酒屋

韓国風味付けピョウカルビ￥1200。色々な肉が食べられるよう、1回のオーダーで出てくる肉は少量。サンチェなどの葉類は別オーダー

突き出し

ペチュキムチ
￥1500

ということでキムチをオーダーしてもこのサイズでは出て来ません(笑)

キムチはねこれくらいドーンと出さないと美味しく見えないでしょ！
ドーン
デカッ
社長カンさん

ケジャン￥1500

チャプチェ￥800

焼肉なら1号店、一楽

1号店を町田にオープンさせたのが2001年。

「今日は豚が食べたいと思ったら、その専門店に行き、豚をオーダーし、突き出し、肉、野菜、チャーハン…と、1品だけで楽しむのが韓国人、1回の食事で色々な料理を少しずつオーダーして食べたいのが日本人」と社長のカンさん。そーなんです、そーなんです。韓国料理、美味しいんだけど、量が多いからいつも1品しかオーダー出来なくて、悲しいんです。

町田という土地柄、お客の9割が日本人。だから日本人のニーズに合わせた韓国料理屋になっている。量を少なめにし、居酒屋価格に抑え、より多くの料

炭火焼肉韓国家庭料理・一楽

所在地…所在地…東京都町田市原町田6-11-3ホンタマビルB1F
電話番号…042-725-1559
営業時間…11：00～4：00（ランチタイム11：00～14：00）、第2・4水曜日定休
ランチメニュー…豚キムチ炒め定食￥850、テンジャンチゲ定食￥880など。全メニューにおかず3品、サラダ、カクテキがついてくる！

トッポキ￥780。タレは辛め、お餅は柔らかく煮込んである。半玉とゴマがアクセントに↓

↑カムジャタン￥2300（2人前）。半端じゃなくじゃがいもと肉がゴロゴロ入っている。2人で食べたらこれだけで腹一杯

韓国居酒屋・いる

所在地…東京都町田市原町田6-20-13ヤマダイビル2F
電話番号…042-739-1597
営業時間…17：00～5：00、第2・4水曜日定休。週末は大変混み合うため、入店を断られる場合があるので、平日の来店をオススメします

韓流ブームで

タッカルビやトッポキなどの辛い料理をオーダーする人が増えたね
韓国の知識が広まってきてるから店としてはラクよ♪
説明が省けるでしょ

理をオーダー、1日でイッキに韓国を堪能できる！もちろん料理人は韓国人、本場のお味。

一楽は焼肉が楽しめるので、家族、会社の仲間などのグループ客が多い。

つまみが中心2号店、いる

2002年に2号店がオープン。焼肉は韓国スタイル（アジュンマが焼く、仕切る）が好きな私は、いつも2号店を利用。スンデ、ポッサム、タックバルなどつまみが中心。私はコショウが効いたカムジャタンがお気に入りで、ついついこればっかりオーダー。なかなか他の鍋を試す機会がない（爆）。

いるは学生や会社の同僚2～3人で来る若い客が多い。

今日もガンバる、テギュンさん

雨にも負けず風にも負けずくまくまにも負けず（笑）、両国の懸け橋に励む

30代以上の店員さんにも
オンニと呼ぶときが
ありますよ
それは若く見える
という意味もあるし、
サービスがよくなる
かとも思って…
ニパッ
福耳
レッドマンゴー好き
おちゃめ
笑福亭鶴瓶似
ノンスモーカー
剣道、チムジルバン
汗をかくことが好き
(気質が荒い)
釜山生まれの
(東京同様都会)
ソウル育ち
とは思えない
温和な口調
美人とウワサの
奥さんと
２人の息子を
持つ
穏やかな
顔つきのせいか
私といると
日本人に
間違われる
…
あなた
イルボン
サラム？

怪しいメール？

ＫＪｃｌｕｂ経由で１通のメールが届いた。40代後半韓国人男性…。ＫＪｃｌｕｂの会員は10～30代が占めているので、なんか違和感が…。

１回目のメールはいぶかしがっているうちにどこかに紛失（笑）。数日後、また同じ内容のメールが来た。２回もメールを出すなんて、怪しい…とも思ったけど、八方塞がりだったスンデの相談を思いきって持ちかけてみることにした。

そうしたら、いとも簡単に取材の許可を取り付け、なぜなに

外見から人の良さが滲み出ている

なんでの知りたい病にかかった私の疑問を面倒くさがることなく、むしろ面白がって調べてくれた、とってもいい人だった。そう、このメールの差し人こそ、テギュンさんだった（爆）。

　現地入りしてからも協力的で、天安のスンデタウンの情報もテギュンさんが会社の部下から聞いたものだった。

日々大忙し

　会社ではカスタマーエンジニア部で働くテギュンさん。仕事内容は本人の説明によると、「半導体をテストするシステムを韓国のお客さんに販売した後の技術支援です。韓国語のマニュアルの提供や韓国語対応の操作画面の作成、各種技術文書の韓国語提供や各種技術の韓国と日本間の窓口など」。

　ソウルから会社がある天安まで通い、遅くまで働き、出張もこなす。週末は週末で、会社の人たちと山に登り、趣味の剣道で汗を流し（たまに通訳＆練習で剣道の先生たちと来日）、月イチで大峙中学校で日本語を教え、更にこの本の手伝いも…って、一体、いつ休んでいるんだろう？（笑）

懸け橋

　日本語がパーフェクトペラペラなテギュンさん。本人から頂いたメッセージを載せます。

「私は日本に11年間滞在し、日本語や日本文化を体験しながら習いました。あの当時（1982～1992年）は、今のように韓国が知られてなかった時代でした。

　私の今までの日本での経験を生かして、韓国や日本の懸け橋の役割をしていきたいです。この韓流ブームがますます韓国や日本を理解し、お互いに協力しあって、素敵な関係になるように力になりたいと思っています。韓国のことで知りたいことや困ったことなど、全面的にご協力させて頂きたいと思ってます。

　韓国のことで私がお手伝いできることが何かしらあると思いますので、気軽に声をかけてください」。

　本書では、全てのカタカナハングルを監修してもらった。

「山と私」。10000%韓国人だ～（笑）

旅行した気がしない…

こりゃこりゃコリア
韓国人に振り回され、振り回し、
毎日がバタバタのパㇽリパㇽリで過ぎていった韓国

スンデを通していい出会いがあった
ジヒたちとのお喋りはいつも盛り上がった
一期一会の親切もたくさん貰った
しかーし
涙のお別れもなければ
韓国を懐かしむことも私にはナイ！

メール、チャット、電話
毎日のように日韓間で連絡を取り合う
私が韓国に行かなくても
彼らが日本にヒョイとやって来る

出発前も帰国後も
ずーーーっと繫がったまま
旅が終わったのに、終わった気がしない

旅の後味が
今まで旅してきた国とは明らかに違う

ショップ、食べ物、服、ことば、
流行のサイクルが目まぐるしい韓国
次に訪れるときは、どう変わっているだろう？

悪い韓国人もいればいい韓国人もいる
その国が自分と合うか合わないか
行ってみなくちゃわからない
関わってみなくちゃわからない

行けば行くほど
アジュンマに、食べる量に、韓国に、
慣れていく自分がいる

そうそうソウルに行かなくちゃ！
でソウルに行って
こりゃこりゃコリァ〜困った！
といいながら韓国にハマる

そうそうソウル
一度はやっぱりソウルに行ってみなくちゃ！
こりゃこりゃコリア
なんじゃこりゃ〜がいっぱいの国、韓国

あなたには、どんな韓国が待っているだろう？

♪気をつけて、いってらっしゃ〜い♪

●置き忘れ

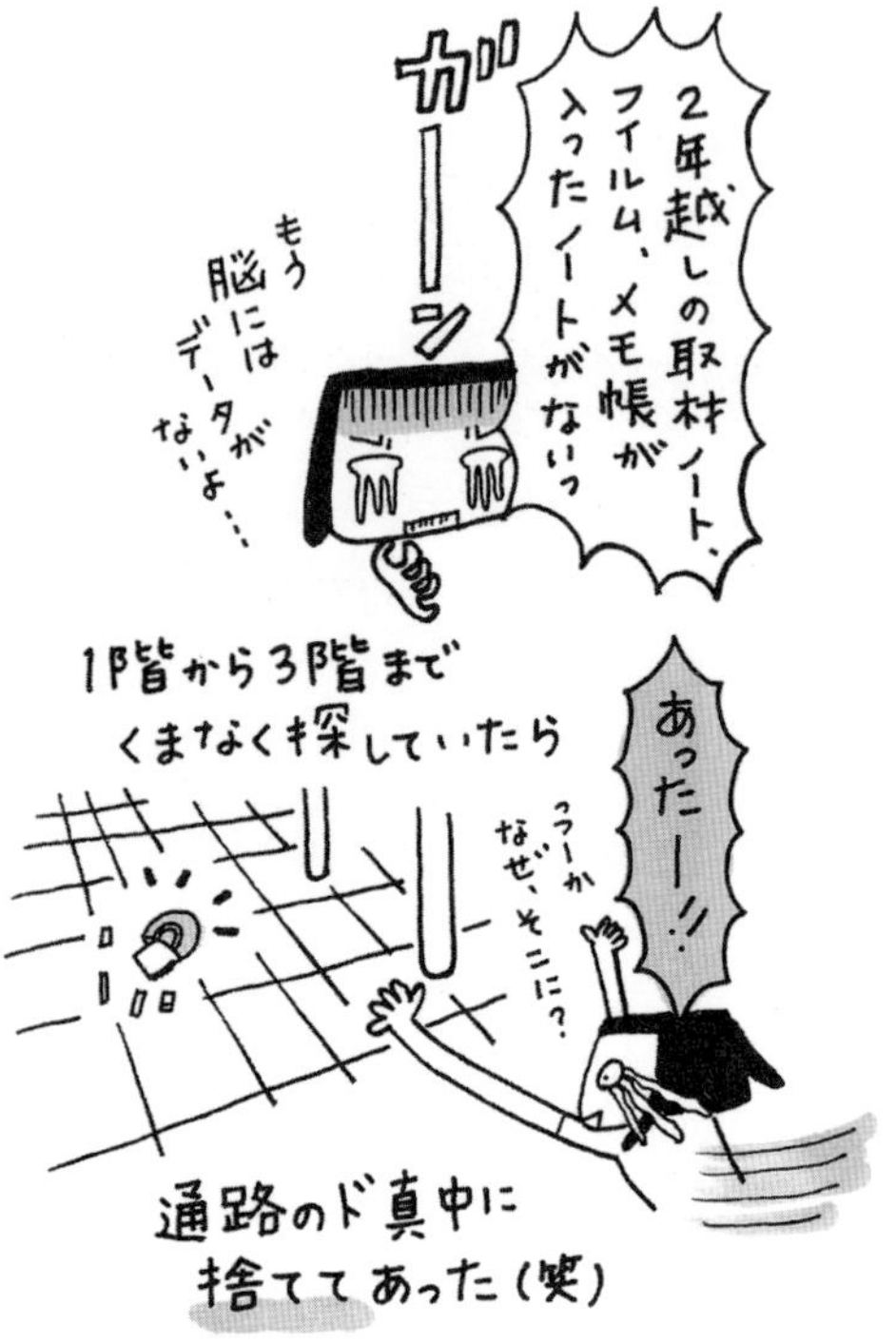
ガーン
2年越しの取材ノート、
フイルム、メモ帳が
入ったノートがないっ
もう
脳には
データが
ないよ…
1階から3階まで
くまなく探していたら
あったー!!
つーか
なぜ、そこに?
通路のド真中に
捨ててあった(笑)

special thanxx

金　泰均　　金　重賢

金　恵慶　　鄭　軟姝

●置き去り

到着時刻より
2時間も過ぎたのに
友人Kが出てこない
ドタキャンか?
それから1時間後
くまちゃん、なんで
空港にいないの!?
今、どこ!?
ホ…テル
迎えに行く時間を
間違えていた(笑)

contact me

URL: http://k-georg.hp.infoseek.co.jp/
mail: kumaandgeorge@hotmail.com

ウマウマ・スンデ・店舗リスト

●名家賢母・ピョンチョン・スンデ

住所：ソウル市クロ区オンス洞9-12　2階
電話番号：02-757-2369
最寄の駅：オンス駅
URL:www.yescall.com/mgsoondae/index2.html

●ピョンチョン・ファントバン・スンデ

店舗名…電話番号／最寄の駅／住所
駅三店…02-834-3432／地下鉄2号線・221駅三／江南区駅三洞718-30
ミア店…02-984-3995／江北区ミア4洞81-20
永登浦店…02-834-3432／地下鉄2号線・236永登浦区庁／永登浦区永登浦１カ681
新亭店…02-2652-7929／地下鉄2号線・234新亭ネゴリ／ヤンチョン区新亭１洞1206-5
宣陵駅店…02-538-2767／地下鉄2号線・220宣陵／江南区大峙洞906-1
奉天店…02-882-8248／地下鉄2号線・229奉天／クァンアク区奉天洞931-26
トゥンチョン店…02-3661-1599／江西区トゥンチョン洞10-14テギョン商事102号
ソウルデ店…02-888-6654／地下鉄2号線・228ソウル大入口／クァンアク区ポンチョン6洞27-3
大峙2号店…02-568-5539／盆唐線・K216ハンティ／江南区大峙4洞923-11
ヤンジェ2号店…02-571-3555／ソチョ区ヤンジェ2洞332-12
ソククアン店…02-964-7264／地下鉄6号線・643トゥルゴジ（8番出口）／城北区ソククアン１洞77-26
イチョンドン店…02-718-6784／ヨンサン区イチョン2洞シボン3ドン101号
チュンリムドン店…02-364-3884／地下鉄2号線・243忠正路（5番出口）／チュン区チュンリム洞200番地サムスンAPTダンジ内
ソソムン店…02-2267-3574／地下鉄2号線・市庁（9番出口）市庁／チュン区ソソムン洞
忠武路店…02-2267-3574／地下鉄3号線・321忠武路（9番出口）チュン区忠武路4カ151-6
シンデバン店 0…2-601-0987／トンジャク区シンデバン607-26
忠正路店…02-365-3942 ／西大門区忠正路2カ69-12
三成店…02-3445-5937／地下鉄7号線・730江南区庁／江南区三成洞16AID　APT30ドン109号
大峙店…02-554-8028／地下鉄3号線・346ハグヨウル／江南区テチ洞994-16チョンゴンサンガ106号
ノンヒョン店 …02-549-5898／地下鉄7号線・731鶴洞（7番出口）／江南区ノンヒョン洞37-9
吉洞店…02-473-8062／地下鉄5号線・549吉洞（1番出口）／江東区吉洞378-9
ポンドン店…02-902-557／地下鉄4号線・414水踰（4番出口）江北区ポンドン449-13
孔陵駅店…02-975-5024／地下鉄7号線・716 孔陵（2番出口）／ノウォン区孔陵洞392-1
上渓店…02-935-6655／地下鉄7号線・713蘆原／蘆原区サンゲ洞726-1イルシンサンガ108号
麻浦店…02-716-9127／地下鉄5号線・528麻浦（4番出口）／麻浦区麻浦洞167-2

PINE BAD…もといBUD DRINK。ビックリするくらいマズイ（笑）松の芽ジュース。韓国人の間でも賛否両論らしい

ワンワン料理

蒸しワンコ

ワンコ鍋

著者

Kuma＊Kuma（くま・くま）

イラストレーター。現在、雑誌、ウェブを中心に活動中。

『旅の指さし会話帳　アイルランド』、『食べる指さし会話帳　フランス』（情報センター出版局）のイラストを担当。著書に『バリ島バリバリ』、『ばんばんバンコク』（共著）、『やっぱりブスじゃイヤ！』、『やっぱりデブじゃイヤ！』（光文社）、『めきめきメキシコ』、『ババババ バンコク』（スリーエーネットワーク）などがある。

http://k-georg.hp.infoseek.co.jp/

イラスト・写真　Kuma＊Kuma

クロスカルチャーライブラリー

そうそうソウル

奔走迷走韓国旅行

2006年7月19日初版第1刷発行
2010年1月28日第3刷発行

著　者　Kuma＊Kuma
発行者　小林卓爾
発行所　株式会社スリーエーネットワーク
〒101-0064　東京都千代田区猿楽町2丁目6番3号　松栄ビル
電話　03-3292-5751（営業）　03-3292-6192（編集）
http://www.3anet.co.jp/
http://www.3a-cocoro.com/

企画担当　上田雅子

印刷・製本　萩原印刷株式会社

Printed in Japan　ISBN978-4-88319-395-0　C0026
落丁・乱丁本はお取替えいたします